Korean translation copyright © Hanulimkids Publishing Co., 2016
This Korean edition is published by arrangement with l'école des loisirs through Bookmaru Korea Literary Agency.
All rights reserved.
이 책의 한국어판 저작권은 북마루코리아를 통해 l'école des loisirs와 독점 계약한 도서출판 한울림어린이에 있습니다.
신저작권법에 의하여 한국 내에서 보호를 받는 저작물이므로 무단 전재와 복제를 금합니다.

글쓴이 | 이방 포모·크리스토프 일라-소메르 그린이 | 이방 포모 옮긴이 | 김영신 감수 | 황은희·김현숙
펴낸이 | 곽미순 기획·편집 | 김하나 디자인 | 김민서
펴낸곳 | 한울림어린이 기획 | 이미혜 편집 | 윤도경 윤소라 이은파 박미화 디자인 | 김민서 이순영 마케팅 | 공태훈 옥정연 제작·관리 | 김영석
등록 | 2004년 4월 12일(제318-2004-000032호) 주소 | 서울시 영등포구 당산로54길 11 래미안당산1차 A 상가 대표전화 | 02-2635-1400 팩스 | 02-2635-1415
홈페이지 | www.inbumo.com 블로그 | blog.naver.com/hanulimkids 페이스북 | www.facebook.com/hanulim 인스타그램 | www.instagram.com/hanulimkids

첫판 1쇄 펴낸날 | 2016년 9월 5일 4쇄 펴낸날 | 2019년 11월 26일
ISBN 979-11-87517-00-9 73900

이 도서의 국립중앙도서관 출판예정도서목록(CIP)은 서지정보유통지원시스템 홈페이지(http://seoji.nl.go.kr)와
국가자료공동목록시스템(http://kolis-net.nl.go.kr)에서 이용하실 수 있습니다. (CIP제어번호: CIP2016019091)
*잘못된 책은 바꾸어 드립니다.

어린이제품안전특별법에 의한 제품 표시 제조국 대한민국 사용연령 8세 이상

한 권으로 보는
어린이 인류 문명사

호모 사피엔스에서 시작된 우리, 우리의 역사

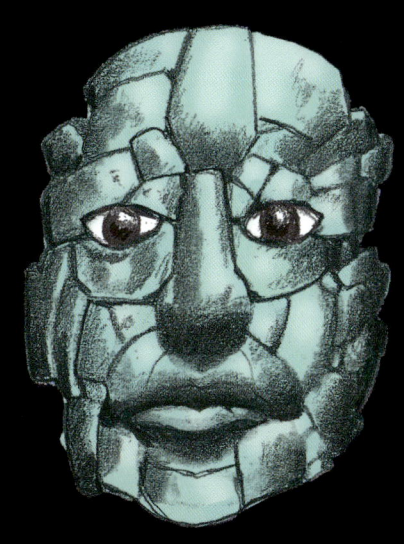

이방 포모 글·그림   크리스토프 일라-소메르 글
김영신 옮김   황은희·김현숙 감수

한울림어린이

우리는 우리의 역사가 언제 시작되었는지 알지 못합니다. 언제 끝날지도 알 수 없지요.
하지만 우리가 확실히 알고 있는 것이 한 가지 있습니다.
우리의 역사는 끝없이 펼쳐진 우주의 여러 행성들 사이에서 도는 한 행성, 지구에서 펼쳐진다는 사실입니다.
과학은 이야기합니다. 이 세상은 수십억 년 전부터 존재했다는 사실을요.
그때 지구 곳곳에서는 쉴 새 없이 화산이 폭발했습니다.
펄펄 끓던 지구의 내부에서 수증기 같은 기체들이 빠져나와 지구의 대기를 뒤덮었지요.
기체들은 하늘로 올라가 자기들끼리 뭉치기 시작했습니다. 크게, 점점 더 크게.

이 수증기들은 비가 되어 쏟아졌습니다.
지구 표면에 움푹 꺼져 있던 거대한 웅덩이들이 빗물로 채워졌지요. 이것이 바다의 시작입니다.
비가 내리면서 뜨거웠던 지구의 온도도 점차 낮아졌습니다.
하늘에서는 엄청난 전류를 품은 번개가 으르렁거렸습니다.
약 30억 년 전, 바다에 떨어진 번개와 강한 자외선이 물속에서 화학 반응을 일으켰습니다.
그리고 지구상에 처음으로 미생물 형태의 원시 생명체가 탄생했습니다.

20억 년 전···

지구상에 인류가 등장했어요
미생물 형태의 원시 생명체가 식물종과 동물종으로 진화했습니다.
그중 어떤 것들은 살아남았고, 모습이나 성질을 바꾸거나 영원히 사라진 것도 있지요.

수백만 년이 지나고,
아주아주 긴 시간이 흐른 뒤……

몇몇 영장류들은 인간과 생김새가 비슷해지기 시작했습니다.
그리고 지구상에 처음으로 인류가 등장했습니다.

300만 년 전···

시간이 흐르자 이들 가운데 '똑바로 선 사람'
호모 에렉투스가 나타났습니다.
이들은 동물을 사냥하고(수렵), 나무 열매 등을
따 먹으며(채집) 생활했습니다.

힘든 환경이지만, 모두 잘 헤쳐 나갔습니다.

40만 년 전…

20만 년 전… 　　　　　　　7만 년 전…

현생 인류의 조상, 호모 사피엔스가 등장했어요

아프리카에 두 발로 걷는 또 다른 인류가 등장했습니다. 현생 인류(현재 생존하고 있는 인류와 같은 종에 속하는 인류)의 조상인 '호모 사피엔스(생각하는 사람)'입니다. 맞아요, 이들이 바로 '우리'예요! 우리 인간은 20만 년 전 이후로 근본적으로는 달라진 것이 없지요.

아주아주 먼 까마득한 옛날, 우리가 호모 사피엔스였던 시절로 거슬러 올라가 우리의 모습을 살펴볼까요? 그때 우리는 이미 창의적이고 생산적이었습니다. 원시적인 도구를 만들고, 불을 피울 줄 알았지요. 우리는 작은 무리를 지어 여기저기 흩어져 살았습니다. 인구가 늘어나자 살 공간과 사냥감이 부족해졌습니다. 결국 우리는 먹을 것을 찾아 이곳저곳으로 옮겨 다녀야 했습니다.

아시아

유럽

아프리카

수천 년 동안, 우리는 전 대륙으로 퍼져 나갔습니다.

오스트레일리아

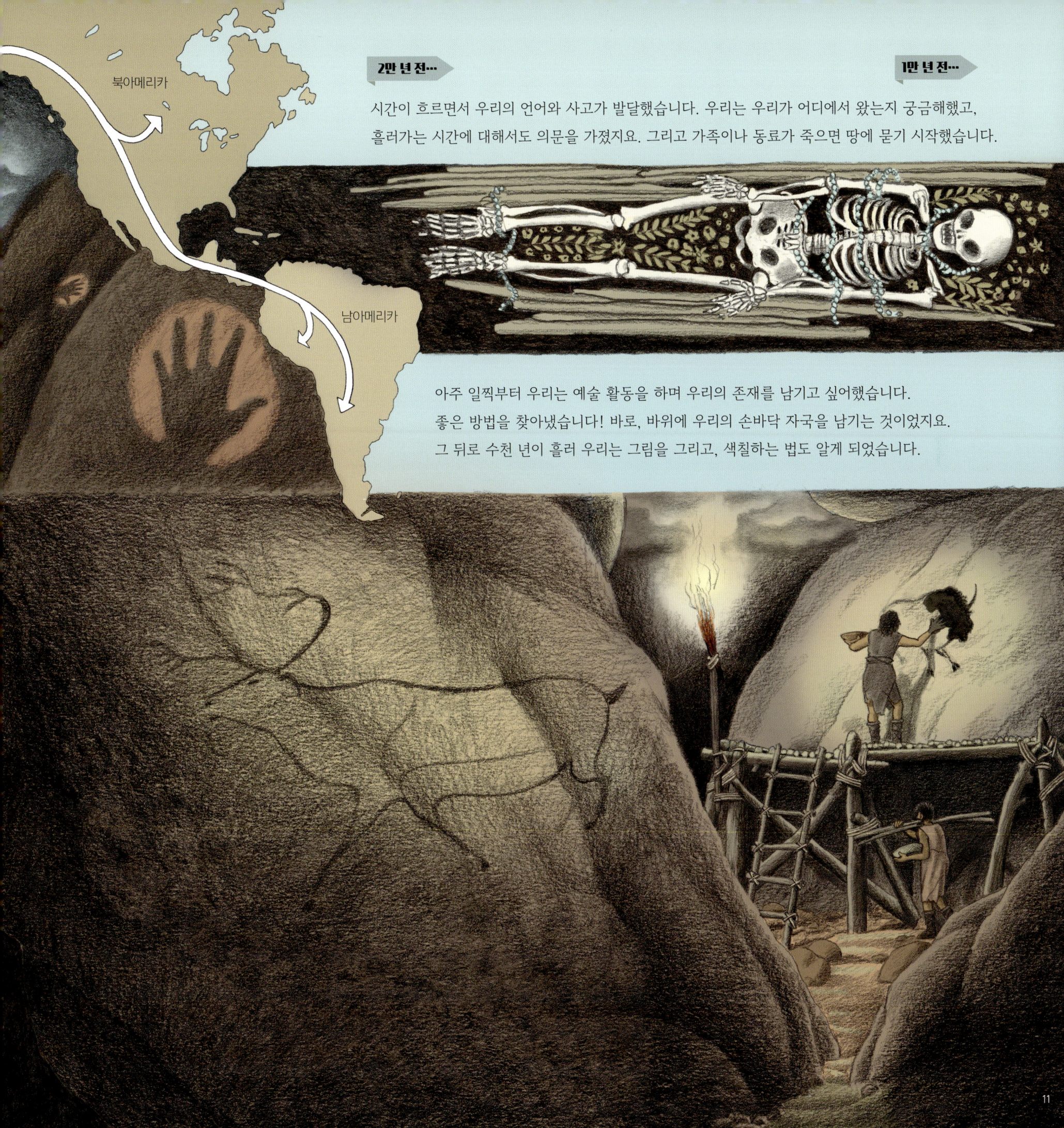

북아메리카

2만 년 전…

1만 년 전…

남아메리카

시간이 흐르면서 우리의 언어와 사고가 발달했습니다. 우리는 우리가 어디에서 왔는지 궁금해했고, 흘러가는 시간에 대해서도 의문을 가졌지요. 그리고 가족이나 동료가 죽으면 땅에 묻기 시작했습니다.

아주 일찍부터 우리는 예술 활동을 하며 우리의 존재를 남기고 싶어했습니다.
좋은 방법을 찾아냈습니다! 바로, 바위에 우리의 손바닥 자국을 남기는 것이었지요.
그 뒤로 수천 년이 흘러 우리는 그림을 그리고, 색칠하는 법도 알게 되었습니다.

기원전 9000년경…

마을을 이루고 농사를 짓기 시작했어요

먹을 것이 부족해지면 우리는 그 땅을 미련 없이 떠났지만, 수메르라는 멋진 땅만큼은 예외였습니다.
그곳은 야생 밀과 보리가 아주 풍부한 땅이었습니다. 우리는 일정한 간격을 두어 씨를 뿌리고,
곡식을 기르는 방법도 알게 되었습니다. 농사를 짓기 시작한 거지요.
농사와 함께 우리의 생활은 완전히 바뀌었습니다.

우리는 더 이상 동물을 사냥하기 위해 돌아다니지 않았습니다.
그 대신 소와 염소, 양 같은 동물들을 잡아 길들이며 가축으로 기르기 시작했지요.
가축을 기른 덕분에 어렵지 않게 고기와 우유, 가죽을 얻을 수 있었습니다.

진작 집에서 기를걸!
괜히 힘들게 사냥을 다녔어.

모든 대륙에서 농사를 짓고 가축을 기르기까지 수천 년의 시간이 걸렸습니다.

기원전 4000년경···

우리는 저마다 자신이 사는 지역에서 나는 재료로 집을 짓고 살았습니다. 이런 집들이 모여 마을을 이루었지요.
먹고 남는 식량을 저장할 곳간도 마련했습니다. 먹을 것을 구하러 다니는 시간이 줄어드니 여유 시간이 생겨났습니다.
필요에 따라 흙으로 그릇을 만들기도 하고, 돌이나 나무로 도구를 발명하기도 하면서 전문적으로 물건을 만드는 장인도 나타났지요.
어느 날 우연히 구리, 주석 같은 금속을 발견한 뒤로 우리는 청동으로 물건을 만들기 시작했습니다.
금속을 다루는 대장장이는 마을에서 가장 중요한 사람이 되었습니다.

족장이 등장하고, 불평등한 사회가 되었어요

집의 크기도 마을의 규모도 점점 더 커졌습니다.
인구가 크게 늘자 자연스럽게 마을을 이끄는 족장이 등장했습니다.
족장은 공동체 생활에 필요한 규칙을 만들고,
뒤를 이을 후계자를 정했습니다.
자신을 도울 사람들도 주변에 두었습니다.
족장의 힘은 나날이 커졌고, 재산도 불어났습니다.
계급도 생겨났습니다. 귀족, 농부, 장인 등으로
신분이 나뉘었고, 신분에 따라 입는 옷도 달랐지요.

더 이상 물물 교환(직접 물건과 물건을 바꾸는 일)으로 필요한 물건을 구하지 않았습니다. 물건에 값을 매겨 사고팔기 시작했지요.
농사가 발달하면서 공동 재산 대신 우리는 저마다 개인 재산을 모았습니다. 모은 재산은 자기 후손에게 물려주었고요.

그렇게 계급이 생기고 개인 재산을 갖게 되면서 우리 안에 차별과 불평등이 생기기 시작했습니다.

우리는 여전히 나무와 돌 등을 이용해 새로운 도구를 발명했습니다. 이전보다 더 정교한 방식으로요!
보석이나 장신구로 몸을 꾸미는 것을 즐기기도 했지요.

우리는 거대한 돌덩어리들을 하늘을 향해 세우고, 그곳에서 신처럼 모시던 태양과 달과 별에게 제사를 지냈습니다.
삶과 죽음, 이해할 수 없는 여러 자연 현상들에 대해 질문하면 태양과 달과 별은 우리에게 답을 주었지요.
족장의 입을 통해서요. 족장은 부족을 다스리는 동시에 하늘에 제사를 올리는 제사장이기도 했거든요.

기원전 3000년경…

신전을 중심으로 발달한 도시 국가, 수메르

많은 지역에서는 여전히 작은 부족들이 수렵과 채집을 하며 살았습니다.
자연적으로 생겨난 동굴이나 오두막에서 살면서 말이지요.
하지만 수메르 지역은 달랐습니다. 왕궁과 수호신들을 모신 웅장한 신전을
중심으로 높은 담으로 둘러싸인 도시 국가들이 세워졌지요.
이곳에서는 개인의 재산과 지위, 직업에 따라 신분이 나뉘었습니다.
성벽 밖에서는 농부들이 자신들의 논밭을 일구었습니다. 이들은 국가를 위해
고된 노동을 하거나 현물(돈이 아닌 물품)로 세금을 바쳐야 했습니다.
왕실의 권력 아래에서 보호를 받는다는 구실이었지요.

쐐기 문자를 발명한 수메르 사람들

오랫동안 수메르 사람들은 뾰족한 것으로 진흙판에 기호를 새겨 왔습니다. 곡식과 가축 등 여러 상품을 분류하고, 그 수를 헤아리기 위해서였지요.
전문적인 지식을 쌓고, 이러한 기호 체계를 발전시킨 것은 서기관들이었습니다. 하나의 직업이자 새로운 특권 계급이었던 이들은
'쐐기 문자'라고 하는 최초의 문자를 만들었습니다. 글자가 꼭 쐐기(물건 틈에 박고 물건의 사이를 벌리는 도구)처럼 생겨서 붙은 이름이지요.
간단한 그림 문자 형태에서 시작된 쐐기 문자는 긴 시간이 흐르는 동안 점점 복잡해지고, 완전해졌습니다.
그때부터 우리의 역사는 글로 기록되었고, 사람들의 머릿속에도 남게 되었습니다.

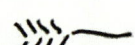  

수메르의 쐐기 문자 이후, 중국에서도 문자가 등장했습니다.
훨씬 뒤에는 중앙아메리카에서도 문자가 발명되었습니다.
그 뒤로 아주아주 긴 시간이 흘러, 페니키아라는 지역에서 최초의 알파벳이 생겨났습니다.

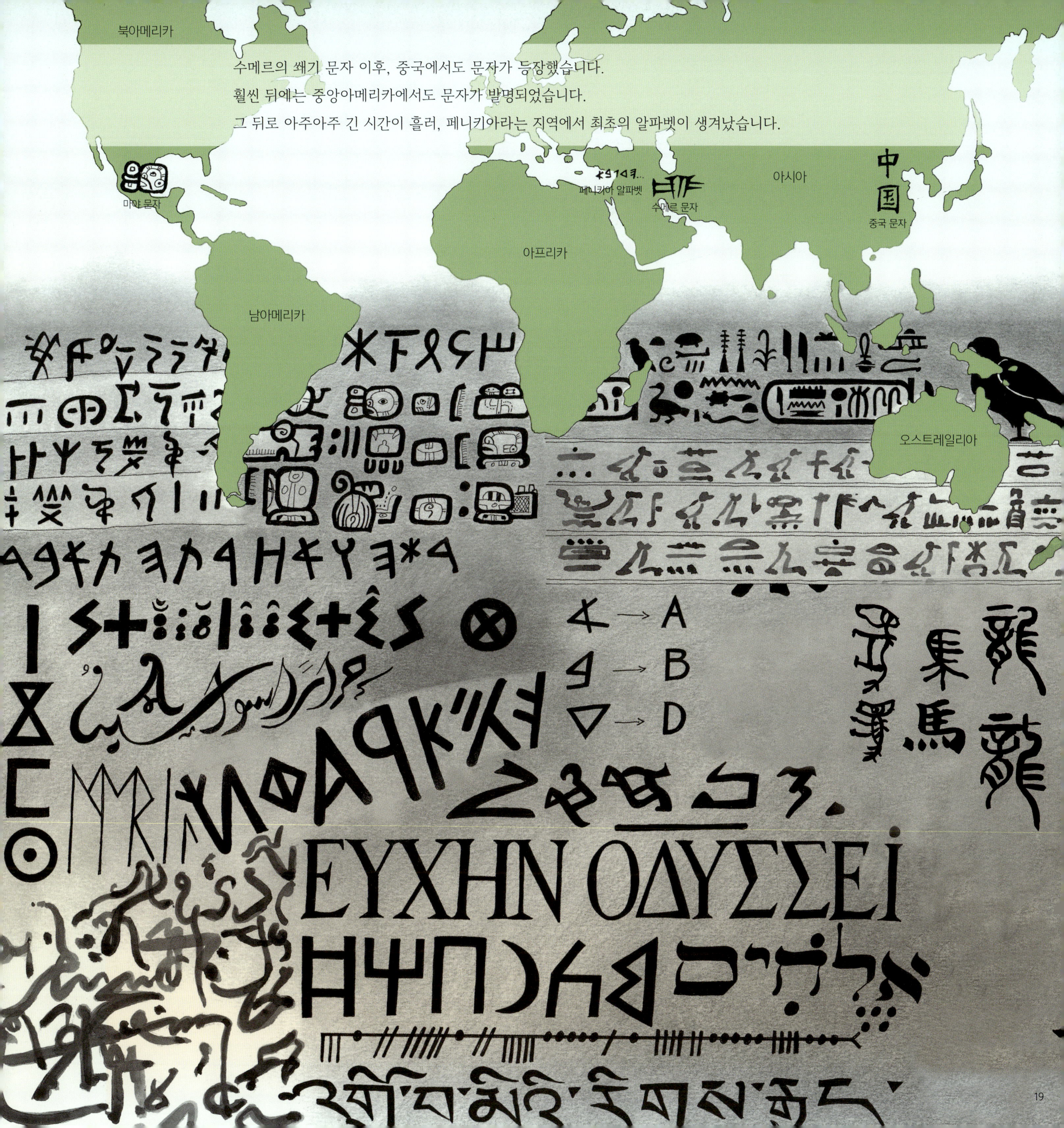

북아메리카
마야 문자
남아메리카
페니키아 알파벳
수메르 문자
아시아
중국
중국 문자
아프리카
오스트레일리아

A
B
D

EYXHN ODYΣΣEI

우리 수메르 사람들은 나무를 얻기 위해 먼 곳에 사는 사람들과 교역을 해 왔다네. 이곳에선 나무가 거의 자라질 않거든. 교역을 하는 동안 우리가 쌓은 지식과 기술이 곳곳에 퍼졌고, 다른 지역 사람들도 우리의 행동 양식을 따라 하기 시작했어. 심지어 이집트 사람들은 우리를 앞섰다니까. 나라의 힘도 세지고 말이야. 반대로 수메르의 도시 국가들은 끊임없는 경쟁과 전투로 지치고 있다네. 쯧쯧, 정말 안타까운 일이야.

우리 이집트에서도 물론 전투가 벌어졌어요. 나라가 둘로 나뉘어 있었으니까요. 하지만 우린 수메르와는 달라요!

둑 건설이 너무 늦어지고 있군. 어째 끝날 기미가 안 보여. 빨리빨리 좀 서두르라고!

우리의 왕, 파라오가 남과 북으로 나뉜 이집트를 하나의 제국으로 통일했거든요.
두 나라의 왕관을 동시에 쓰다니, 정말 멋지지 않나요? 물론 중요한 건 두 가지 색의 멋진 왕관이 아니라, 우리 이집트 사람들이 통일 제국에서 번영을 누리며 평화롭게 살았다는 사실이죠!

나일 강에서 발전한 이집트 문명

나일 강은 이집트 농업을 책임지는 젖줄이었습니다.
해마다 일정한 기간을 두고 강물이 흘러넘쳤다가
빠지면서 땅을 기름지게 만들어 주었거든요.
비옥한 땅에서는 늘 곡식이 잘 자랐지요.
사람들은 나일 강을 신의 선물이라고 생각했습니다.

막강한 힘을 가진, 이집트의 왕 파라오
파라오는 나라를 다스리는 왕이자 제사장이었습니다. 이집트 사람들은 그를 신의 아들이라고 여겼고,
감히 파라오의 힘에 도전할 사람은 없었습니다.
파라오의 영광을 기리는 거대한 건축물도 곳곳에 세워졌습니다. 건축을 감독하는 일은 사제의 몫이었습니다.
사제는 신전에서 제사를 맡아보는 사람들로, 파라오 밑에서 특권을 누리며 부유하게 사는 계급이었지요.

강력한 힘을 증명이라도 하듯, 파라오의 장례식에는
어마어마한 행렬이 뒤따랐습니다.

죽은 파라오의 몸은 썩지 않도록 방부 처리를 해 미라로
만들었습니다. 이집트 사람들은 몸이 '영혼의 집'이며,
잠시 몸을 떠난 영혼이 언젠가 다시 몸으로 돌아올 것이라고
믿었거든요. 그래서 시신을 온전하게 보관하려고 한 것이지요.
영원한 삶을 누리도록 하기 위해 시작한 이 일은
우리의 의학 기술을 발전시켰습니다.

물론 썩지 않는 미라가 되는 것은 파라오가 아닌
우리들 대부분에게는 꿈도 못 꿀 일이었지요.

青銅

'황허 문명'이 일어난 중국 황허 강 언저리는 일찍부터 크고 작은 지역 국가들로 이루어져 있을 만큼 영토가 잘 정비된 곳이었습니다. 해마다 인구 수를 헤아릴 정도로 이곳에는 많은 사람이 모여 살았습니다.

한자의 뿌리가 된 문자도 발전했지요. 청동을 다루는 솜씨가 무척 뛰어났던 중국의 장인들은 청동으로 아주 세련된 물건들을 만들었습니다.

중국

중국   북아메리카

베링 해협

1 : 85,000,000

남아메리카

기원전 1만 2000년 무렵 우리는 이 대륙 저 대륙에 뿔뿔이 흩어져 살았습니다. 그중 일부는 시베리아의 매서운 추위와 눈보라를 뚫고 베링 해협을 건너 아메리카 대륙에 도착했지요. 빙하기에 해수면이 낮아져 베링 해협에 육지가 드러났거든요. 그 땅은 마치 우리가 살고 있던 '구세계'와 아무도 살지 않는 '신세계'인 아메리카 대륙을 이어 주는 다리 같았습니다.

베링 해협을 건넌 이 작은 무리는 비어 있던 아메리카 대륙을 점차 가득 채웠습니다.

특별한 발전 없이 수 세기가 흐른 뒤 중앙아메리카에 '올멕 문명'이 나타났습니다. 올멕 문명은 이후 그 지역에 발생한 문명들에 영향을 주었지요. '신세계의 수메르 문명'이라 불렸지만, 수메르 문명에 비하면 소박했습니다. 재배하는 곡물이라고는 옥수수 정도가 다였고, 칠면조나 개 말고는 별다른 가축도 없었기 때문입니다.

기원전 1100년경…

기원전 950년경…

말을 타고 떠돌던 유목민들의 대이동

유럽과 아시아는 지역마다 기후와 지형이 제각각이었습니다. 그렇다 보니 어떤 사람들은
한곳에 정착하여 살았고, 또 어떤 사람들은 새로운 곳을 찾아 떠도는 유목 생활을 했지요.
생활 방식이 무척 달랐던 정착민과 유목민의 사이는 점점 멀어졌습니다.

유목민들은 가축 떼를 이끌고 유럽과 중앙아시아의 초원 지대를 떠돌아다녔습니다.
그러다 종종 주변의 부유한 도시에서 농사를 지으며 정착해 사는 농부들과 거래를 했지요.
정착민들은 유목민들을 무시하면서도, 한편으로는 두려워했습니다.
정착민들에게 모피와 가죽을 팔면서 유목민의 지도자들이 눈여겨본 것이 있었습니다.
높은 성벽 너머에서 거만한 빛을 뽐내는 화려한 왕국과 신전, 비옥한 땅이었지요.
결국 유목민과 정착민 사이에 전쟁이 벌어지고 말았습니다.
유목민들은 3000년 전부터 자신들이 키워 온
말을 앞세워 정착민의 땅으로 쳐들어갔습니다.
말은 최고의 무기였지요.
체계적인 군사력에 기동력까지 갖추었으니
상대를 무너뜨리는 것은 순식간이었습니다.
유목민들은 이집트와 아시아, 지중해 동부 연안에
이르기까지 많은 나라를 정복했습니다.

기원전 900년경…

철의 시대, 철제 무기로 무장한 사람들
바야흐로 철의 시대가 열렸습니다. 산에서 철광석을 캐기 시작한 것입니다.

전문적인 군인들은 철로 만든 무기를 갖추고, 이륜마차(바퀴가 둘 달린 마차)를 끌었습니다. 새롭게 등장한 이 귀족 계급의 군인들은 나라에서 땅을 받았습니다. 농부들에게서 빼앗은 땅이었지요.

청동과 금이 화려한 장신구나 생활용품에 어울리는 금속이었다면,
철은 전쟁에 필요한 무기를 만드는 데 안성맞춤인 금속이었습니다. 아주아주 단단했으니까요.

사람들은 불에 달군 철을 두들기거나 뜨거운 용광로에서
철을 녹이는 방법으로 철기를 만들었습니다.

철을 능숙하게 다룰 줄 알게 되면서 정복 전쟁에 나서는 민족들이 생겨났습니다.
그중 가장 위협적인 존재는 철제 무기로 무장한 아시리아 사람들이었습니다.
아시리아라는 이름만 들어도 사람들이 덜덜 떨 정도였지요.
아시리아는 점차 세력을 넓혀 서아시아 지역에 거대한 제국을 세웠습니다.
하지만 얼마 지나지 않아 허망하게 무너지고 말았지요.
정복 당한 여러 나라가 힘을 합쳐 아시리아를 공격했기 때문입니다.

기원전 800년경…

기후와 지형 탓에 풍요롭지 못했던 아프리카

곳곳에 펼쳐진 호수, 먹잇감이 풍부하고 초록 풀이 넘실대는 평원. 멀고 먼 옛날, 사하라는 이런 곳이었습니다.
우리 가운데 수많은 이들이 그 풍요로운 땅에 정착했지요. 하지만 기원전 800년 무렵, 사하라에 심한 가뭄이 들었습니다.
가뭄은 오래도록 이어졌고, 사막으로 변해 버린 땅에서는 더 이상 목축을 할 수 없었습니다.

사람들은 어쩔 수 없이 농사지을 땅을 찾아 사하라의 남쪽으로 향했습니다.
그리고 마침내 발견한 비옥한 땅!
당연히 모두가 그 땅을 탐냈고, 전쟁이 시작됐습니다.
승자는 서쪽 연안에서 온 반투 족이었습니다. 철제 무기를 갖춘 반투 족은
아프리카 대륙의 남쪽 땅 대부분을 차지했습니다.
그들의 언어인 반투 어는 대륙 곳곳으로 퍼졌고, 여러 언어로 갈라져 나왔습니다.

낙타를 가축으로 키우면서 아프리카의 사람들은 사막을 가로질러 대륙의 남쪽과 북쪽을 오갈 수 있게 되었습니다.

하지만 아프리카에서 살아가는 건 무척 힘겨웠습니다.
곳곳을 어슬렁거리는 맹수들, 맹수들보다 더 위험하지만 눈에 잘 띄지 않아 언제 나타날지 모르는 맘바뱀뿐 아니라, 땅거미와 체체파리들이 여기저기서 우글거렸습니다. 강에 물을 길러 가는 일은 그야말로 위험을 무릅쓴 모험이었습니다. 제방 위에 살인적인 병들을 옮기는 모기가 들끓었으니까요.
하루하루 살아남는 데 온 힘을 쏟아야 하다 보니 도시나 국가로 성장하는 것은 꿈도 꿀 수 없었습니다.

유럽

아프리카

기원전 700년경…

지구상에 살아가는 사람들의 수가 약 1억 명이 되었습니다.

뿌리는 하나이지만, 사는 지역의 기후와 자원에 따라 우리의 모습과 생활 방식은 달라졌습니다.

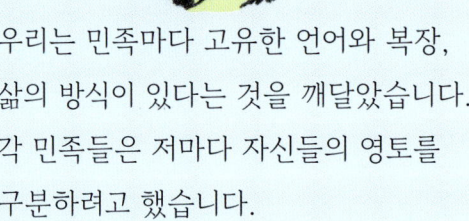

우리는 민족마다 고유한 언어와 복장, 삶의 방식이 있다는 것을 깨달았습니다. 각 민족들은 저마다 자신들의 영토를 구분하려고 했습니다.

지중해를 중심으로 해상 무역이 발달했어요

기원전 1000년 무렵부터 1000년이 넘는 시간 동안 지중해 주변에서 해상 무역이 꽃피었습니다. 특히 페니키아는 최고의 무역 도시였습니다. 페니키아 사람들은 활발한 무역을 위해 아프리카 곳곳 주요한 지역에 카르타고를 비롯한 도시들을 세웠습니다.

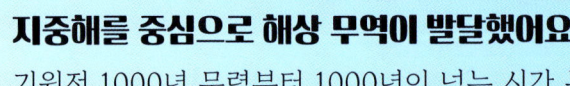
지중해

저기가 바로 카르타고죠!

분쟁에서 동맹까지, 우리의 관계는 점점 더 복잡해졌습니다. 언제부턴가 우리는 다른 민족의 사람들은 '우리'가 아닌 '그들'이라고 생각하게 되었지요.

무역 화폐도 바뀌었습니다. 보리씨나 누에콩 같은 것을 사용하다가 금이나 은 같은 금속 화폐를 사용하게 되었지요.

새로운 생각과 기술들도 배와 함께 여기저기로 빠르게 전해졌습니다.

기원전 600년경…　　　　　　　　　　　　　　　　　　　　　기원전 500년경…

여러 지역에서 선지자들이 나타났어요

도시와 지역, 부족 사이에서 전쟁이 끊이지 않았습니다. 노예가 된 사람들, 살 곳을 잃은 사람들, 전쟁터에서 도망친 사람들이 많아졌습니다. 전쟁 때문에 고통받고 상처 입은 이들 앞에 선지자들이 나타났습니다.

하느님을 믿고 두려워하십시오. 그러면 여러분은 에덴동산에 가게 될 것입니다.

이 세상은 선과 악이 싸우는 곳이오! 선만이 악을 이긴다는 사실을 꼭 기억하시오!

선지자들은 상처 입은 사람들에게 위로와 교훈이 되는 이야기들을 들려주었습니다.
당장은 고통스럽지만, 신을 믿으면 죽은 뒤 새로운 세상에서 영원히 행복하게 살 수 있다는 말도 전했지요.
비슷한 시기에 여러 지역에서 선지자들이 나타났습니다. 서로 알지도 못하고, 만난 적도 없는 이들은
도덕적으로 어떻게 행동하는 것이 옳은지, 세상을 어떻게 살아가야 할지를 사람들에게 전했습니다.
구체적인 내용이나 제시하는 방법은 저마다 달랐지만, 근본적으로는 비슷했습니다.
영혼의 샘물처럼 사람들의 마음에 스며드는 철학적이고 종교적인 가르침이었지요.

대륙마다 생활 모습이 달랐어요

북아메리카 사람들은 무리를 지어 떠돌며 수렵과 낚시와 채집 생활을 하며 살았습니다. 그중 몇몇은 땅을 일구고, 한곳에 정착하여 살기 시작했습니다.

난 켈트 족이오. 켈트 족이 정말로 존재했느냐고? 거 참. 그렇다고 할 수도 있지만 아니라고 해도 할 말이 없소. 오래전 북유럽에 정착한 여러 부족들이 뒤섞여 하나의 부족을 이룬 거니까 말이오. 그게 어떻게 된 거냐 하면, 우리 용감무쌍한 전사들이 북유럽 곳곳을 공격해 엄청난 영토를 차지한 건 동네 강아지도 아는 사실 아니오? 물론 제국을 건설하지는 않았지만. 사실 처음엔 우리가 점령한 지역 주민들과 그닥 잘 어울리진 못했다오. 하지만 점차 대부분의 지역에서 점령 지역 주민들과 뒤섞여 살기 시작하면서 하나의 부족이 된 거지.

기원전 500년경…

아라비아

아라비아 반도에는 특정 국가가 없었습니다. 반도의 중앙에는 동물들을 이끌며 유목 생활을 하는 부족들이 살았지요.
남쪽에는 부유한 항구 도시와 상업 도시가 세워졌습니다. 향신료, 상아, 향료 같은 비싸고 화려한 물건들을 싣고 인도양과
지중해 지역까지 항해하는 배들이 중간에 머무는 곳이었지요. 그래서 이 남쪽 지역은 '행복한 아라비아'라고 불렸습니다.
동남아시아의 상황도 아라비아와 비슷했습니다. 지역에 따라 발전 정도가 아주 달랐거든요.
해안 지역은 빠르게 발전한 반면, 내륙 지역은 큰 나무와 풀들이 빽빽하게 들어선 밀림이라 발전하기 힘들었지요.

필리핀

수마트라 섬
보르네오 섬
인도네시아
자바 섬

오스트레일리아

태평양에 위치한 섬들에는 일찍부터
사람들이 살기 시작했습니다.
대부분은 낚시를 하며 살았지만,
농사를 짓거나 목축을 하는
사람들도 있었습니다.

메마르고 고립된 땅, 광활한 대륙 오스트레일리아에 사는
사람들은 여전히 수렵과 채집 생활을 이어 갔습니다.

37

기원전 450년경…

황금 시대를 맞이한 도시 국가, 아테네

기원후 1년까지 수 세기 동안 그리스의 도시 국가들은 눈부신 발전을 이루었습니다.
철학가들의 논쟁 속에서 꽃핀 철학 사상은 훨씬 더 깊고 풍부해졌습니다.
문학 작품들이 나타나고, 천문학, 지리학, 기하학, 역사학 등의 학문이 발전했습니다.
최초로 연극이 탄생했으며, 사람들은 스포츠도 즐겼지요.
화폐를 만들어 널리 사용하면서 상업과 무역이 편리해졌습니다.
도시 국가의 중심, 아테네는 황금 시대를 맞이했습니다.
신전과 거리와 광장에는 수많은 조각상들이 세워졌는데,
신이나 왕뿐만 아니라 인간도 조각상의 주인공이 되었습니다.

도시 국가들 사이에서는 끊임없이 전쟁이 일어났지만,
다른 민족에 맞설 때만큼은 동맹을 맺어 힘을 합쳤습니다.
그리스 사람들은 다른 민족들을 '야만인'이라고 부르며
자신들보다 낮게 여겼지요.

그리스 인구의 3분의 2는 노예였습니다.
전쟁에서 잡혀 온 포로들, 정복한 지역에서 끌려온 여성들,
그리고 그 여성들이 낳은 아이들 또한 노예가 되었습니다.
그리스의 도시 국가들이 눈부신 발전을 이룰 수 있었던
배경에는 노예들의 노동력이 있었습니다.

기원전 350년경…

인도와 중국에서 최초의 통일 왕국이 세워졌어요

그리스 북쪽에 자리 잡은 마케도니아. 이곳의 젊은 왕이 도시 국가들을 정복하기 시작했습니다.
그는 10년에 걸쳐 자신이 정복한 넓은 땅에 대제국을 세웠지만, 갑작스럽게 세상을 떠나고 말았습니다.
황폐해지고, 혼란에 빠진 거대한 제국은 이내 여러 나라로 나뉘었지요.

이즈음 여러 도시 국가들이 들어서 있던 인도에서는 하나의 제국이 탄생했습니다.
인도의 서쪽 지역만 한때 마케도니아의 공격을 받았을 뿐 이 제국은 오랫동안 세력을 떨쳤지요.
제국의 왕들이 권위와 관용 사이에서 균형을 이루는 정치를 펼친 덕분에
넓디넓은 영토에 사는 다양한 민족이 하나가 될 수 있었습니다.
제국 곳곳의 기둥이나 바위에는 왕이 정한 정책과 행동 규범 등을 새겨 놓았고,
그 누구도 거기에 새겨진 내용들을 무시할 수 없었습니다.

주변 제국들에 비해 평화롭다 보니 인도에서는 수학, 과학 등의 학문이 크게 발달했습니다.
숫자 '영(0)'의 개념이 만들어져 수학을 빠르게 발전시켰으며,
한 천문학자는 지구는 둥글며 자전축을 중심으로 돌고 있다는 사실을 최초로 밝혀냈지요.

중국 문명은 지구상에서 가장 오래되고, 안정적으로 발전한 문명이었습니다.
수 세기 동안 농민들이 들고일어나기도 하고, 세력을 넓히려는 제후들의 전쟁도 끊이지 않았지만
중국 사람들의 마음속에는 국가에 대한 소속감이 굳게 자리잡았지요.
그것은 국가를 다스리는 통치의 근본을 세운 학식이 뛰어난 학자들이 있었기 때문입니다.
이들은 나라를 잘 다스리는 것이야말로 최고의 가치라고 여겼습니다.

마케도니아가 점령한 영토
1 : 25,000,000

1 : 30,000,000
인도

기원전 150년경…

중국
1 : 40,000,000

어지러웠던 중국이 하나로 통일되었습니다. 유목민들에게서 거대한 땅을 지켜 내기 위해 성벽들을 연결해 만리장성을 세웠습니다. 지역과 지역을 잇는 도로도 건설했습니다.

최초의 통일 왕국이 금세 저물고 또 다른 왕국이 들어섰습니다. 비로소 나라는 안정을 되찾았습니다. 나라 안에는 강력한 질서가 필요해졌습니다. 충성스러운 관리들은 이제 백성들을 교육하고, 그들의 마음을 하나로 모아야 했습니다. 문화가 꽃피고, 과학 기술이 발전했습니다.

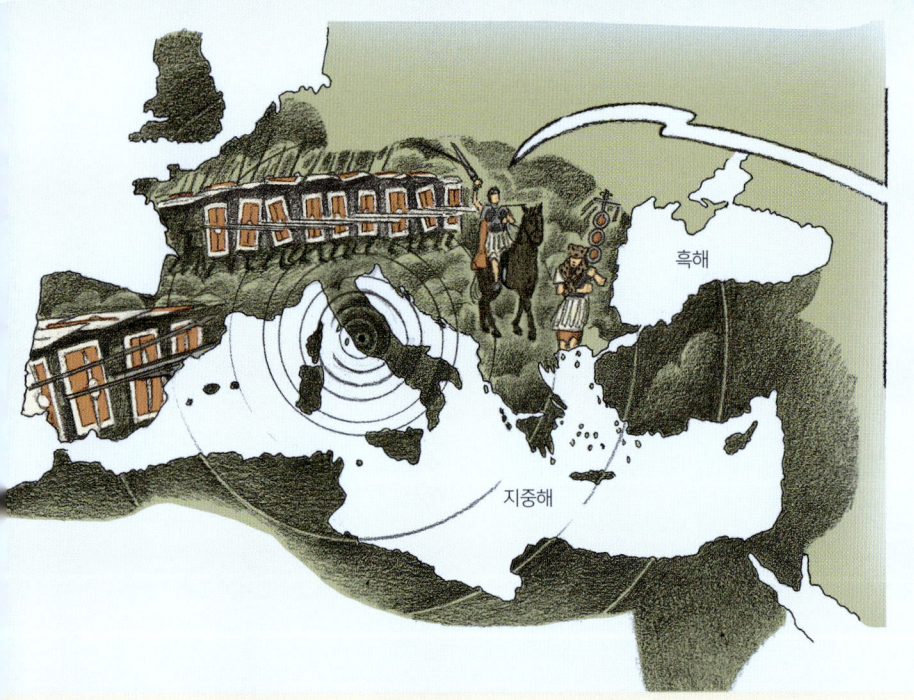

이토록 화려하고 눈부신 도시, 로마를 건설한 게 우리 라틴 족이라니…….
게다가 지중해 주변 국가들까지 모두 정복했으니 우리 행복할 일만 남았어.
자네도 들었나? 모든 정복 지역에서는 로마 제국의 법률을 따라야 하지만
우리의 황제는 각 지역을 다스리는 관리들을 두고 그들과 문제를 나누고 상의한대.

그나저나 정복한 도시 국가들의 문화가 어찌나 아름답던지, 감동 그 자체더군!
로마의 예술가들은 특히 그리스의 건축과 조각에 상당한 영향을 받은 모양이야.
그걸 두고 "그리스가 오히려 로마 정복자들을 정복했다!"고
비아냥거리는 사람도 있다나?
다 우리 로마가 부러워서 그런 말이 나오는 거겠지.

기원전 100년경…

잘 정비된 도시 국가에서 로마 제국으로!

끊임없이 전쟁을 치르며 로마의 군대는 점점 천하무적이 되었습니다.
게다가 뛰어난 재능을 가진 기술자들과 건축가들은 도시를 계획하고 세워 나갔지요.
사람들은 분수대 근처에 모여 이야기꽃을 피우고, 공중목욕탕을 이용하기도 했습니다.
도시 곳곳의 사자상 주둥이에서는 깨끗한 물이 흘러나왔습니다.
멀리 떨어진 상류에서 시작된 물을 운반하기 위해 계곡에 수도교(물을 끌어오기 위하여 계곡 사이나
낮은 지대에 다리처럼 만든 물길)를 세우고, 납으로 만든 수도관을 설치한 덕분이었습니다.
제국 곳곳을 연결하는 도로가 생기자 군대는 어디로든 빠르게 이동할 수 있었습니다.
세금을 걷기도 쉬웠고, 여행객이나 상인들도 편리하게 교류할 수 있었지요.

로마 제국에서는 노예들이 물건 취급을 당했습니다. 노예상들은 정복지에서 포로로 끌려온
사람들을 귀족들에게 팔아넘겼지요. 힘들고 어려운 일은 노예들 몫이었답니다.
일부 부유한 귀족들은 상상할 수 없을 만큼 호화롭고 사치스러운 삶을 누렸지만,
불공평하게도 대다수의 로마 사람들의 삶은 날이 갈수록 어려워졌습니다.
쉬는 날이면 로마 사람들은 원형경기장에 모여들어 검투사들의 싸움을 즐겼습니다.
귀족도 농민도 그들의 피 튀기는 잔인한 싸움에 열광했지요.

100년경…

비단길 위에서 동서 문화가 만났어요

유목민들이 공공의 적이 되었습니다. 유목민을 완전히 몰아내고 싶었던 중국의 황제는 서역(중국의 서쪽에 있던 여러 나라)의 나라들과 동맹을 맺으려고 관리를 보냈습니다. 13년 후, 중국으로 돌아온 관리는 자신이 서역에서 보고, 듣고, 겪은 일을 자세히 전했습니다.

유럽

흑해

동로마 제국

카스피 해

지중해

부하라

안타키아 팔미라
다마스쿠스   바그다드

이전까지 전혀 알려지지 않았던 새로운 세상에 대한 이야기를 들은 황제는
눈이 번쩍 뜨였습니다. 그래서 굉장히 멀리 떨어진 로마와도 외교 관계를 맺고,
무역을 하기 위해 사절단들을 보냈지요.
그와 동시에 서쪽으로 길이 만들어졌습니다. 길 주변에는 주요 국가들이 자리잡고 있었습니다.
사람들은 그 길을 '비단길(실크로드)'이라고 불렀습니다.
중국에서 로마까지 그 길을 따라 비단이 팔려 갔거든요.
상인, 외교 사절단, 지식인과 예술가, 모험가 등 다양한 사람들이 비단길을 밟았습니다.
행진하는 병사들과 전쟁에서 진 병사들, 죄를 지어 끌려가는 사람들과 이민자들도
비단길을 이용했지요. 여전히 곳곳에서 전쟁이 벌어지고 있었으니까요.

비단은 값비싼 옷감일 뿐만 아니라, 물건을 사고파는 데 쓰인 화폐이자
안전한 투자 자산이었습니다. 금만큼 값진 대접을 받았지요.
당연히 중국에서 비단 제조법은 일급비밀이었습니다.
누구든 제조법을 폭로하면 가장 잔혹한 형벌을 받았지요.

누에나방 누에나방의 알 누에 번데기 누에고치

하지만 세상에 비밀은 없는 법. 비단 제조법이 새어 나가는 바람에 중국이 아닌 다른 나라에서도 비단을 만들어 낼 수 있게 되었습니다. 들리는 말로는, 중국의 한 공주가 결혼하여 다른 나라로 가면서 쪽진 머리 속에 몰래 누에를 숨겨 갔다는데 사실일까요? 아니면 누군가 지어낸 이야기일까요?

타슈켄트 투루판
사마르칸트 아커쭈
카스가얼 둔황
야르칸트 란저우
장안(시안의 옛 이름)

인도

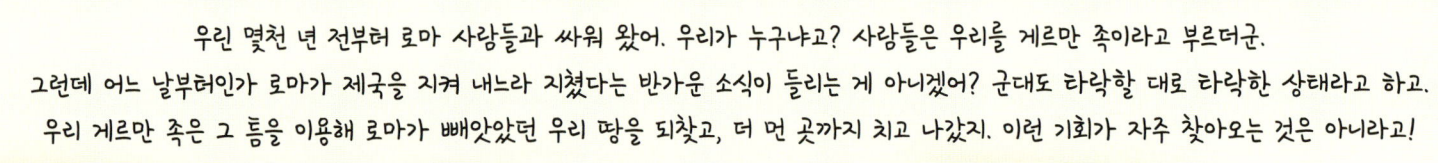

우린 몇천 년 전부터 로마 사람들과 싸워 왔어. 우리가 누구냐고? 사람들은 우리를 게르만 족이라고 부르더군. 그런데 어느 날부터인가 로마가 제국을 지켜 내느라 지쳤다는 반가운 소식이 들리는 게 아니겠어? 군대도 타락할 대로 타락한 상태라고 하고. 우리 게르만 족은 그 틈을 이용해 로마가 빼앗았던 우리 땅을 되찾고, 더 먼 곳까지 치고 나갔지. 이런 기회가 자주 찾아오는 것은 아니라고!

기울어 가는 로마 제국

로마 제국은 점점 쇠약해졌습니다.
정치적, 경제적으로 위기가 찾아왔고, 고된 삶을 참지 못한 노예들도
계속해서 들고일어났습니다. 전염병도 뒤따랐지요.
사람들은 더욱더 가난해졌습니다.

400년경…

서로마 제국이 무너졌어요

수많은 사람들이 혼란에 휩싸인 로마 제국을 등지고 주변 나라들로 떠났습니다.
훈 족, 고트 족, 반달 족, 롬바르드 족, 프랑크 족 등 다른 민족들도 로마 제국으로 밀려 들어왔지요.
얼마 뒤 로마 제국이 동로마와 서로마로 나뉘었고, 결국 서로마 제국은 무너지고 말았습니다.
서로마를 떠나 동로마에 정착한 지식인들과 부유한 사람들에게 서로마의 멸망 소식은
자신들과 상관없는 이야기처럼 느껴졌습니다. 이들은 이미 동로마 제국의 수도가 된 콘스탄티노플이나
안타키아, 알렉산드리아 같은 화려한 도시에서 살아가고 있었으니까요.

그 소식 들었나? 우리가 살았던 서로마 땅에
유목민들이 들이닥쳤다는구먼.
덤불로 뒤덮인 길을 헤치고 그곳까지 갔다는데…….

나도 들었네. 유목민들은 부족끼리 생활하면서 자기들끼리도 서로 싸운다고 하더군.
이제 도시는 흔적도 없이 사라질 거야. 상업도 몰락하고, 곧 숲이 우거지겠지…….
난리가 따로 없지 뭐야!

흑해

안타키아

알렉산드리아

800년경… **다양한 발명품과 기술, 학문을 발전시킨 중국**

2000년이 넘는 시간 동안 중국에서는 문명이 꾸준히 발전했습니다. 물론 암흑기도 있었습니다.
하지만 잘 극복해 낸 중국 사람들은 끊임없이 도구와 기술을 발전시켰고, 새로운 것들도 발명했답니다.

우리 중국 사람들은 발명가란다. 쟁기를 발명한 뒤로 농산물 생산량이 열 배나 늘었지.
그뿐만 아니라 화약, 도자기, 종이도 만들고
목판 인쇄를 비롯한 인쇄술도 발명했단다.
항해에 나침반을 사용하기 시작했고.

또한 물레방아와 둑을 만들어
물도 잘 이용하고 있지 않니.

작가와 시인, 화가들은 뛰어난 작품들을 내놓고 있고,
너 같은 아이들을 가르치는 학교와 대학도
생겨났으니 더 바랄 게 없구나.

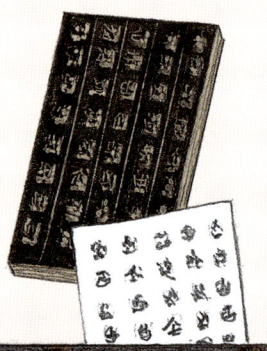

비단을 만드는 기술이 발전한 것도 빼놓을 수 없지, 암!

비단을 염색하고, 세련된 문양을 넣을 수도
있게 되었으니 말이야.

와, 정말 대단해요!

북아메리카

뛰어났던 마야 문명이 하루아침에 사라졌어요

우리 인류의 조상인 호모 사피엔스 이후, 아프리카와 유럽, 아시아에서는 인구가 계속해서 늘어나고 다양한 민족이 생겨났습니다. 남과 북, 두 아메리카 대륙에서도 인구가 크게 늘었지만 사람들은 여전히 수렵과 채집을 하며 살아갔습니다.

그런데 두 아메리카 대륙을 잇는 좁은 지역에서 한 문명이 탄생했습니다. '마야 문명'이었습니다. 거대한 피라미드를 세우고, 문자를 발명할 정도로 발달한 문명이었지요. 마야 사람들의 주식은 옥수수였습니다. 그런데 갈수록 비가 내리지 않아 긴 가뭄이 이어졌지요. 물이 없어 옥수수 농사가 어려워지자 마야 사람들은 식량과 물이 흐르는 땅을 차지하기 위해 서로 싸웠습니다. 결국 전쟁과 오랜 굶주림으로 마야 문명은 하루아침에 사라지고 말았습니다.

900년경…

다른 나라를 정복할 속셈으로 일으킨 십자군 전쟁

최초의 일신교(오직 하나의 신만을 믿는 종교)인 유대교에서 서로 다른 두 개의 종교, 크리스트교와 이슬람교가 생겨났습니다.
두 종교는 닮은 점이 많았습니다. 이웃을 사랑하고, 폭력을 멀리하고, 도덕규범을 따라야 한다고 사람들에게
이야기했으며, 죽은 뒤 더 나은 삶이 있다고 약속했지요. 또한 신을 믿지 않는 사람들에게 자신들의 종교를 전파했습니다.

그런데 자신들의 욕심을 채우려고 사람들의 믿음을 이용한 사람들이 있었습니다.
크리스트교의 교황은 크리스트교를 널리 전파하고, 다른 종교를 믿는 사람들이나 자신들의 종교에
어긋나는 행동을 하는 사람들을 처벌해야 한다며 군대를 만들었습니다.
그 군대가 바로 '십자군'입니다.
전쟁을 일으켜서라도 자신의 종교를 지켜야 한다는 외침은 사실 핑계였습니다.
독실한 믿음을 구실 삼아 다른 나라를 정복하려는 속셈이었지요.

일신교의 영향을 받은 지역

지중해

정작 지중해 주변 수많은 도시에 사는 사람들은 크리스트교를 믿든, 이슬람교를 믿든, 유대교를 믿든 상관없이 서로 사이좋게 지냈습니다. 하지만 성스러운 경전 앞에서 같은 믿음을 누리던 이들마저도 점차 서로를 헐뜯기 시작했습니다.

바다를 휩쓸며 주변을 정복한 바이킹

눈과 안개, 추위의 땅 스칸디나비아. 아주 오래전 이 땅을 처음 밟은 사람들이 있었습니다.
'바이킹'이라고 불리던 사람들이지요! 바이킹은 바다와 강, 하천을 쉽게 항해할 수 있는 배를 만들었습니다.
스칸디나비아의 길고 깊은 피오르(빙하의 침식으로 만들어진 골짜기에 생긴 좁고 긴 만)를 건너고, 물고기를 잡기 위해서였지요.
인구가 급격하게 늘면서 나무와 먹을 것이 부족해지자 바이킹은 생활에 필요한 것들과 바꿀 만한
모피와 바다표범 가죽 등을 배에 싣고 남쪽으로 향했습니다.
하지만 바이킹의 몸속에는 상인이 아닌, 전사의 피가 흐르고 있었습니다.
이들은 영원히 정착할 만한 땅을 발견할 때까지 주변 지역을 하나둘 정복해 나갔지요.

하하, 역시 벌벌 떨면서 줄행랑을 치는군! 감히 누가 우리 바이킹에게 덤비겠어!

종종 북풍이 불어오면 바이킹은 뱃머리를 돌려야 했습니다. 몇몇은 아무도 살지 않는 땅에 도착하여 새롭게 정착했고, 그중에는 새로운 곳을 찾아 서쪽으로 다시 항해를 시작하는 바이킹도 있었지요.

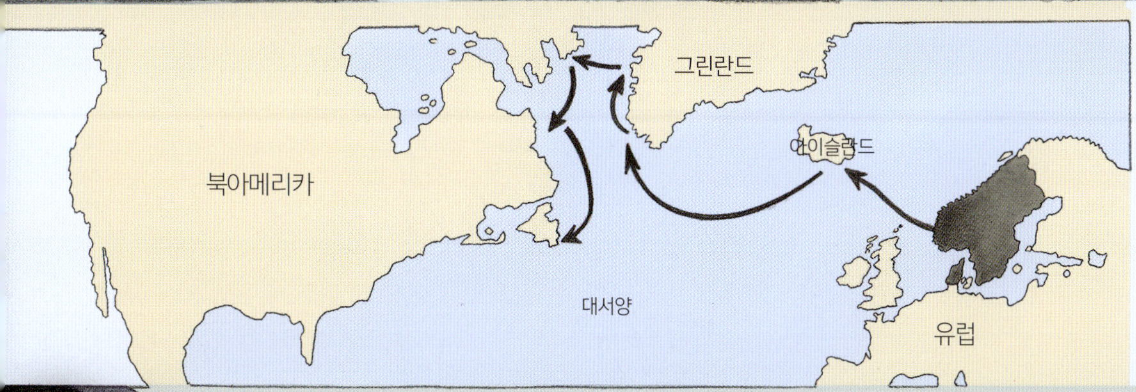

서쪽으로 떠난 바이킹들은 멋진 지역을 발견했습니다. 사슴과 순록이 뛰노는 숲과 초원, 연어들이 팔딱거리는 호수들과 그 사이를 잇는 강…….
그런데 자신들을 향해 다가오는 누군가가 보였습니다. 머리에 깃털을 꽂고, 손에는 활을 들고 있었습니다.
바이킹은 그들을 모두 죽였습니다.
그러자 머리에 깃털을 꽂은 사람들이 이전보다 훨씬 더 많이 몰려왔습니다. 이번엔 실력이 뛰어난 여전사들도 함께였지요.

바이킹은 비처럼 쏟아지는 화살을 피해 도망쳤습니다. 몇 번이고 그 아름다운 땅으로 돌아가려고 했지만, 결국 성공하지 못했습니다.

1000년경…

남성과 여성의 사는 모습이 달랐어요

이 시기의 사람들은 가족이야말로 신들이 바라는 사회 질서의 기본이라고 믿었습니다. 그래서 대부분의 지역에서는
권위 있는 가장을 중심으로 수십 명의 어른들과 아이들이 모여 살았습니다. 법과 전통, 가족의 규범을 따르면서요.
비록 개개인의 삶이 자유롭지 못해도 가족이라는 울타리 안에서만 지냈습니다. 바깥세상보다 안심이 되었으니까요.
대다수의 사회에서 여성은 남성보다 열등한 존재로 여겨졌습니다. 시시콜콜 감시를 받았고, 마음대로 외출할 수도 없었고,
외출을 하더라도 머리카락이나 얼굴 등 몸의 일부나 전체를 가려야 했지요.
결혼은 거의 대부분의 경우, 두 가족의 이익을 위한 결합이었습니다. 남녀가 사랑해서 결혼하는 일은 아주 드물었지요.
결혼한 뒤에도 다른 사람을 사랑한다거나, 결혼하지 않고 사랑하는 관계를 맺는 것은 종교적으로 금지당했습니다.

나랏일이나 바깥에서 일어나는 일들은 남성들의 몫이었습니다.
거의 모든 나라에서 여성들은 교육도 받지 못했습니다. 중국과 일본에서는 교육받는 여성들도 있었지만요.
여성은 집 안에서 가족을 돌보고, 아이들을 길렀습니다. 그리고 일찍부터 아들에게 남성이 여성보다 우월하다고 가르쳤습니다.
이미 굳어져 버린 관습 때문에 어떠한 의문도 품을 수 없는 시대였지요.
아이들은 끊임없이 태어났지만, 굶주리는 아이들이 많았습니다. 작은 기후 변화에도 흉년이 들어 먹을 것이 부족했기 때문입니다.
많은 아이들이 죽어 갔습니다. 가난한 집에서 태어났거나, 병에 걸렸거나, 부모에게 버림받은 아기들은 가차 없이
죽임을 당했으니까요. 살아남은 아이들은 어땠느냐고요?
남자아이들은 예닐곱 살이 되면 힘든 일을 시작했고, 여자아이들은 결혼할 때를 기다렸지요.

동서 무역이 발달하고, 문화가 오고 갔어요

아시아 등지에서는 항구 도시와 거대한 육로가 가로지르는 도시를 중심으로 부유한 상인들이 생겨났습니다.
이들은 무역 회사를 경영하면서 다른 상인들에게 일거리를 떼어 주기도 했습니다.
여러 나라의 언어를 자유자재로 사용할 줄 알았던 상인들은 서로 힘을 모을 수 있는 공동체를 만들었습니다.
때때로 왕의 명령에 따라 비밀스러운 외교 업무를 맡기도 했지요.
아주 부유한 상인들은 돈을 빌려 주고 높은 이자를 붙여 되돌려 받으면서 은행가가 되었습니다.

인도양은 무역의 중심이 되었습니다. 동쪽 끝에서 서쪽 끝으로, 상인들은 계속해서 넓게 뻗어 나갔습니다.
얼마 지나지 않아 동아프리카에서도 무역이 활발하게 이루어졌습니다. 탄자니아 해안가의 아름답고 활기찬 킬와 섬이
동아프리카의 중요한 상업 도시로 성장했지요.
사고파는 물품은 지역에 따라 달랐습니다. 아주 오래전부터 문명화된 나라들은 가공품을 만들어 다른 나라에 팔았고,
동아프리카 같은 지역은 금, 상아, 향료 등의 원료를 팔았습니다. 그곳에서는 노예도 수출품이 되었습니다.

인도양

대서양을 접하고 있는 서유럽 지역에서는 상상할 수도 없는 일이었습니다. 오래전 로마 제국이 멸망한 뒤 내버려진 그 땅에서는 줄기차게 전쟁이 벌어졌고, 여러 민족들이 밀려들어 뒤섞이고, 땅의 주인이 끊임없이 바뀌었지요. 그 결과 600여 년 동안 인구가 줄고, 사람들은 해안 지대를 벗어나 내륙으로 옮겨 갔습니다.

11세기 초부터 상황은 조금씩 바뀌었습니다. 중국과 인도, 이슬람 국가에서 발달한 기술들이 서유럽까지 전해졌거든요. 마침 서유럽은 햇볕의 양도, 비의 양도 농사짓기에 알맞은 지역이었지요.

몇 년에 걸쳐 수확량이 풍부해지자 인구가 두 배 넘게 늘었고, 사람들의 생활도 훨씬 나아졌습니다.

공부를 하기 위해 에스파냐 남부의 이슬람 왕국으로 떠난 이들도 있었습니다. 그 왕국에는 종교와 상관없이 학생과 교사를 받는 이름난 학교가 있었거든요.

고대 문명의 유산을 간직한 동방의 이슬람 문화와 그리스 정교(동로마 제국의 콘스탄티노플을 중심으로 발전한 크리스트교의 한 갈래) 문화 또한 예술과 문학을 통해 전 대륙으로 퍼져 나갔지요.

또한 이곳저곳을 떠돌며 시를 읊던 서방의 음유 시인들은 이슬람 문화에서 전해진 서정적인 사랑 노래에 영감을 받아, 사랑에 관한 시를 쓰고 노래했습니다.

> 1200년경…

몽골 족이 유럽과 아시아를 아우르는 거대한 제국을 세웠어요

유목민과 정착민의 전쟁은 이전보다 더 거세졌습니다.
목동이자 전사인 몽골 족. 이 유목민들에겐 수많은 말 떼를 방목할 새로운 목초지가 필요했습니다.

몽골 기병들의 기동성과 엄격한 규율은 누구와도 견줄 수 없을 정도였습니다.
새로운 목초지를 얻기 위한 전쟁에서 결국 이 유목민들이 승리했습니다.
리더십이 뛰어난 지도자의 지휘 아래 몽골 족은 멀리 떨어진 지역까지 점령했습니다. 중국까지도요.
그리고 이 대제국에서, 이전의 어떤 정복자들보다 넓은 영토를 정복한 황제가 나타났습니다.

몽골 제국은 거침없이 많은 나라들을 정복했지만, 정복한 지역의 종교와 전통을 존중하면서
사람들의 마음을 하나로 모으려고 했습니다.

몽골에서는 '역참제'라는 제도를 만들었습니다. 튼튼한 말들을 이용해 멀리까지 빠르게 소식을 전하게 한 것입니다.
그 덕분에 황제의 명령이나 정책 등이 빠르게 전달되어 넓은 제국을 다스리는 일이 쉬워졌습니다.

몽골 제국에는 평화로운 날들이 이어졌습니다.

황제는 몽골 족의 뿌리와 역사를 기록으로 남기고 싶었습니다.
황제의 명을 받은 페르시아의 한 관리는 몽골, 중국, 인도 사람들의 도움으로 최초의 몽골 역사책인 《집사》를 펴냈습니다.
다른 민족의 역사와 지리까지도 두루 갖춘 책이었지요.

태평양의 외딴 섬, 이스터 섬이 파괴되었어요

태평양의 한가운데 인간 세상에 속해 있지 않은 것 같은 섬,
우주의 행성처럼 사람들의 손길이 닿지 않은 섬이 하나 있었습니다. 바로 이스터 섬입니다.

태평양 주변 섬들에 살던 폴리네시아 사람들이 배에 몸을 싣고 수천 킬로미터의 바다 위를 떠돌았습니다.
인구가 너무 많아지자 먹을 것이 부족해진 까닭이었지요. 허기에 지친 이들은 마침내 이스터 섬을 발견했습니다.
그런데 이스터 섬 주변 바다에는 물고기가 많지 않았습니다.
사람들은 농사지을 땅을 마련하기 위해 나무를 베었습니다. 몇백 년 동안 그렇게 살았습니다.
농사짓는 일은 쉽지 않았습니다. 비가 적게 내리고, 바람까지 강하게 부는 곳이었거든요. 사람들은 점점 지쳐 갔습니다.
이제 이들은 눈에 보이는 새들을 닥치는 대로 사냥했습니다. 결국 섬에 있던 새들이 모두 멸종했지요.
먹을 것이 부족해지자, 사람들 사이에 싸움이 벌어졌습니다.
부족들은 저마다 거대한 석상을 만들어 신들에게 바치며 기도했습니다. 하지만 석상 하나를 세우려면 수많은 나무가 필요했습니다.
거대한 돌을 옮길 지렛대로 나무를 사용했기 때문이지요. 서로 더 큰 석상을 만들려는 부족들 사이의 경쟁이 심해졌고,
결국 섬에 있는 모든 숲이 파괴되었습니다. 사람들에게는 아무것도 남지 않았습니다.
결국 석상의 눈이 지켜보는 가운데 서로를 잡아먹은 사람들……

……그들은 어떻게 되었을까요?

유럽을 떨게 한 전쟁과 흑사병

1350년경···

12세기와 13세기 사이, 서유럽에서는 인구가 늘어났습니다.
그런데 갑작스럽게 몰아닥친 강추위 때문에 더 이상 농사를 지을 수 없게 되었지요. 사람들이 굶주림에 허덕이는데도 영국과 프랑스의 피비린내 나는 잔인한 전쟁은 오래 이어졌습니다. 전쟁터가 된 프랑스와 그 주변의 땅은 황폐해졌습니다.

왕족과 공작, 백작 등 귀족들도 전쟁에 참여했습니다. 전쟁을 치르는 동안 이들은
저마다 자신의 이익을 위해 서로 손을 잡기도 하고, 등을 돌리기도 했습니다.
용병(돈을 받고 전쟁터에서 싸우는 병사)들은 강도처럼 떼를 지어 다니며 약탈을 일삼았지요.

하지만 전쟁보다 더 무서운 것이 중국에서 몰려왔습니다. 바로 흑사병입니다.
빠르게 전염되는 데다가 목숨까지 앗아가는 병으로, 무역선의 화물칸에서 우글거리던
쥐의 벼룩이 옮긴 것이었지요.
이미 수십만 명이 흑사병으로 목숨을 잃었고, 유럽에도 널리 퍼져 열 명에 한 명꼴로
죽어 가기 시작했습니다. 종말을 기다리는 신앙심 깊은 크리스트교 신자들은
마침내 하느님이 세상을 심판할 때가 온 거라고 생각했습니다.

세상은 점점 더 죽음의 공포와 악으로 물들었습니다. 어떤 화가들은 낫으로 목숨을 앗아 가는 해골로 죽음을 표현한 그림들을 그리기 시작했지요. 사람들은 누가 죄라도 지으면 몰려들어 비난하기 바빴고, 자신들과 다르다는 이유만으로 상대방을 손가락질했습니다. 질병에 걸린 사람, 방랑자들, 유대 사람들이 학살당하고, 죄 없는 사람들이 점점 더 죽음으로 내몰렸습니다.

사람들이 우리를 비난하고 있어.
우리 유대 사람들이 우물에 독을 탔다나?
빨리 동네를 빠져나가야 해!
옆집 아저씨 얘기 들었지?
묘지에 세워 놓은 화형대에 묶여서
산 채로 불태워졌다고!

의사들은 흑사병 환자를 치료한다며 설사약을 먹이기도 하고, 몸에서 피를 뽑아내기도 했습니다. 물이 병을 퍼뜨린다며 씻지도 못하게 했고요. 허약해질 대로 허약해진 데다가 위생 상태마저 엉망이 되자 사람들은 병에 더 쉽게 감염되었지요.

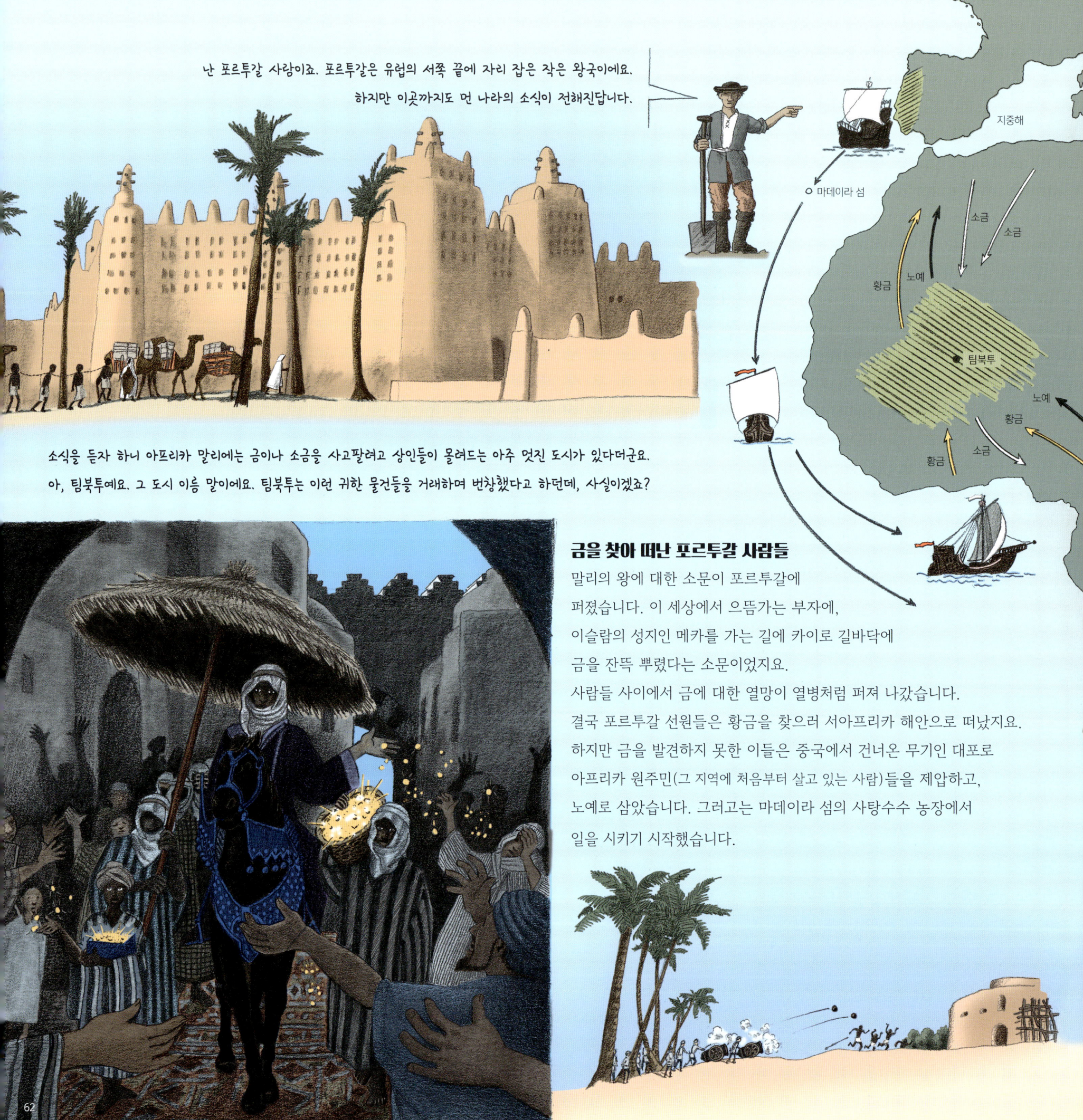

난 포르투갈 사람이죠. 포르투갈은 유럽의 서쪽 끝에 자리 잡은 작은 왕국이에요.
하지만 이곳까지도 먼 나라의 소식이 전해진답니다.

소식을 듣자 하니 아프리카 말리에는 금이나 소금을 사고팔려고 상인들이 몰려드는 아주 멋진 도시가 있다더군요.
아, 팀북투예요. 그 도시 이름 말이에요. 팀북투는 이런 귀한 물건들을 거래하며 번창했다고 하던데, 사실이겠죠?

금을 찾아 떠난 포르투갈 사람들

말리의 왕에 대한 소문이 포르투갈에
퍼졌습니다. 이 세상에서 으뜸가는 부자에,
이슬람의 성지인 메카를 가는 길에 카이로 길바닥에
금을 잔뜩 뿌렸다는 소문이었지요.
사람들 사이에서 금에 대한 열망이 열병처럼 퍼져 나갔습니다.
결국 포르투갈 선원들은 황금을 찾으러 서아프리카 해안으로 떠났지요.
하지만 금을 발견하지 못한 이들은 중국에서 건너온 무기인 대포로
아프리카 원주민(그 지역에 처음부터 살고 있는 사람)들을 제압하고,
노예로 삼았습니다. 그러고는 마데이라 섬의 사탕수수 농장에서
일을 시키기 시작했습니다.

인공 섬에 거대한 도시를 세운 아스테카 사람들

사냥을 하며 이곳저곳을 떠돌던 아스테카 사람들. 머물던 땅이 메말라 버리자 겁이 난 이들은 살던 곳을 떠나 남쪽으로 향했지요. 이미 남쪽 땅에 살던 사람들과의 전쟁은 피할 수 없었고, 결국 침입자인 아스테카 사람들의 승리로 전쟁은 끝이 났습니다.

하지만 아스테카 사람들은 정복지의 찬란한 문화와 전통을 존중했습니다. 자신들의 고유한 전통을 지키는 동시에 그 지역의 문화와 전통도 받아들였지요. 아스테카 사람들은 태양이 세상을 다스린다고 믿었습니다. 태양이 사라지지 않게 하려면 피를 바쳐야 하며, 그 일을 하기 위해 자신들이 전사로 태어난 것이라고 생각했지요. 이들은 끊임없이 전쟁 포로를 제물로 바쳤습니다.

아스테카 최고의 신이자 전쟁과 밤의 신, 테스카틀리포카

멕시코 만
카리브 해
중앙아메리카

한곳에 정착한 아스테카 사람들은 농사를 짓기 시작했습니다.
호수 안에 만든 인공 섬에 어마어마한 규모의 수도 테노치티틀란(현재 멕시코시티)도 건설했지요.
왕궁과 운하, 거대한 건축물까지 아스테카 사람들의 모든 것이 호수 위의 섬에 떠 있었습니다.

황금의 도시에서 꽃핀 잉카 문명

이탈리아 제노바 출신의 한 선원이 에스파냐의 왕을 찾아가 요청했습니다. 인도까지 가는 새로운 뱃길을 찾을 테니 자신에게 배 세 척을 제공해 달라고요. 지구는 둥글기 때문에 서쪽으로 항해를 해도 결국 인도에 도착할 수 있다는 생각이었지요. 게다가 인도에서 발견한 금을 예루살렘을 되찾는 데 이용하겠다고 하자 에스파냐의 왕은 그에게 배를 내주었습니다. 마침 이슬람 왕국이었던 안달루시아를 정복한 뒤로 에스파냐는 가장 많은 크리스트교 신자를 거느린 국가가 되었거든요. 
이윽고 그의 항해가 시작되었습니다. 그리고 인도가 아닌 새로운 대륙을 발견했지요.
그곳은 금이 넘쳐나는 '황금의 도시'였답니다.

1550년경…

난 에스파냐의 피사로라고 합니다. 알고 보니 그 황금의 도시는 잉카 제국이더군요. 잉카 사람들은 찬란한 고대 문명의 후손들이었어요. 높은 산꼭대기에 돌로 거대한 성벽을 쌓은 건 놀라웠지만 철에 대해서는 잘 모르더라고요. 금에 별 관심도 없고, 개인 재산을 바라지도 않았죠. 잉카의 군주는 전지전능한 존재였고, 사람들의 관계는 서로 평등했습니다. 우리는 우호 관계를 맺자고 그들을 속여 잉카의 군주를 인질로 삼고는 그를 풀어 주는 대가로 몸값을 요구했죠. 많은 보물을 받았지만, 우리는 군주를 죽였습니다.
당연히 전쟁이 일어났죠. 하지만 우리에게는 총과 대포, 말이 있었어요.
그런데 잉카 사람들은 글쎄 나무칼, 돌도끼, 활 등으로 맞서더군요!
우리는 아스테카 사람들에 이어 잉카 사람들도 모조리 죽였습니다. 잔인하다고요?
하지만 우리 때문만은 아니에요! 강력한 병균에 전염돼 죽는 사람도 많았죠.
우리야 그 병균에 면역력이 있었지만, 그들은 그렇지 않았으니까요.

해상 무역의 중심지 베네치아와 이스탄불

이 시기에 해상 무역을 지배한 두 도시가 있었습니다.
하나는 이탈리아의 베네치아, 다른 하나는 이스탄불이었습니다.
이스탄불은 먼 옛날 사라진 동로마 제국의 유적 위에 새롭게 세워진 오스만 제국의 수도로,
동로마 제국의 수도였던 콘스탄티노플의 새 이름이지요.
곳곳에 도로가 건설되어 도시들을 연결해 주면서 많은 사람이 오스만 제국으로
몰려들었습니다. 서방의 나라들에서 차별과 핍박을 받던 소수 민족과
크리스트교가 아닌 다른 종교를 가진 사람들이었지요.
오스만 제국은 다른 나라들보다 그들에게 훨씬 관대했으니까요.

안녕들 하신가? 난 베네치아의 상인이라네.
우리 베네치아는 유럽과 아시아, 아프리카를 잇는 무역의 중심지지!
이스탄불은 우리의 쟁쟁한 경쟁자로 떠오르고 있어.
오스만 제국에서는 공업과 상업이 크게 발달했거든.
특히 비단과 무기 제조에 뛰어나더군.
솔직히 요즘 우리의 전성기가 이대로 끝날까 걱정이긴 해.
대륙의 서쪽에 신대륙으로 향하는 바닷길이
새롭게 열릴 거라는 소문이 돌고 있거든.
그럼 아무래도 그쪽의 무역이 활발해지지 않겠나?

다른 나라와 교류하지 않고도 발전한 중국

이 시기에 중국은 다른 나라들과 활발하게 교류하지 않는 편이었습니다.
하지만 경제·문화적으로 가장 탄탄한 제국이었지요.
도자기나 차를 수출해 큰 이익을 얻는가 하면 막대한 양의 은이 모여들었거든요.
중국 사람들은 모든 면에서 앞섰고, 끊임없이 새로운 것들을 발명했지요.
인쇄술을 완성하고, 자신들의 행복한 삶을 이야기하는 책들을 펴냈습니다.
물론 나라가 부유해졌다고 해도 가난에 시달리는 사람은 여전히 많았지요.

부유한 상인이 생겨나면서 인간 중심의 문화가 꽃피었어요

유럽과 아시아의 수많은 도시에서 무역이 발달하면서 부유한 상인들이 생겨났습니다.
귀족과 비슷해지고 싶었던 이들은 귀족처럼 화려한 옷을 입고, 집 안에 자신이나 가족의 초상화를 걸고 싶었습니다.
그래서 실력이 뛰어난 화가들이 자신들의 가문을 위해 그림을 그리도록 경쟁적으로 화가들을 후원하기 시작했고,
그와 함께 예술이 발달했지요.

화가들은 동료들과 경쟁하고, 자신만의 비법을 비밀로 하고, 자신만의 독특함과 양식을 발전시켰습니다.
또한 자신의 작품에 서명을 하기 시작했지요. 인기가 많아지고 사람들의 존경을 받게 된 화가들은 부자가 되었습니다.
큰 규모의 화실을 꾸미고, 조수들을 뽑았습니다.
신을 주제로 한 예술이 발달했던 이제까지와 달리 예술가들은 자신들의 사상을 표현하기 시작했습니다.
작품의 주제도 점차 인간과 자연으로 넓어져 인체의 균형 잡힌 아름다움과 생명력을 조각과 그림으로 표현했지요.
그림에는 원근법이 등장했습니다. 신의 눈으로 세상을 바라보던 것에서 벗어나 자신의 눈에 보이는 세상을
정확하게 표현하고 싶었던 사람들이 그림에 멀고 가까움을 표현하게 된 것이지요.

독특한 얼굴 모양의 유럽 대륙을 한번 보세요. 네덜란드식 모자까지 썼네요.
얼굴은 프랑스예요. 삐죽 튀어나와 바다를 가르는 코는 프랑스의 브르타뉴 지방,
움푹 팬 입은 프랑스의 지롱드 강이고요. 단단한 턱은 에스파냐, 턱에 있는 큰 점은 포르투갈이죠.
구름이 잔뜩 낀 채로 아메리카 대륙을 향해 있는 부분은…… 우리 영국이군요!

아, 제 소개가 늦었군요. 전 영국의 탐험가랍니다.
내일 저는 우리 선원들과 은을 찾으러 아메리카 대륙으로 항해할 거예요.
사실 저 비밀스런 땅에 가는 게 두렵기도 해요. 차라리 아메리카 대륙에서 금과 은을 싣고 돌아오는
에스파냐의 배를 만나 그것들을 빼앗는 게 더 쉬울걸요?

남아메리카

1700년경…

아메리카 대륙을 탐낸 영국

아메리카 대륙에 도착한 영국 사람들은 원주민들의 땅을 빼앗고 도시를 세웠습니다. 영국이 아메리카 대륙을 탐낸 것은 은 때문이었습니다. 은을 화폐로 만들어 사용하는 여러 나라들에 은을 팔아 이익을 얻으려는 속셈이었지요.

1750년경…

신 중심의 시대에서 벗어나 인간 중심의 시대로 접어들었어요

크리스트교가 점점 부패했습니다. 재물을 받고 벌을 면해 준다는 증서를 마구잡이로 나눠 주기도 했지요.
크리스트교를 개혁하자는 목소리가 높아졌고, 결국 크리스트교는 가톨릭교와 개신교로 갈라졌습니다.
그리고 16세기부터 18세기까지, 가톨릭교와 개신교 사이에서 벌어진 피비린내 나는 전쟁은
유럽 왕국들을 두려움으로 몰아넣었지요.

영국과 프랑스, 에스파냐의 해적과 군인들은 여전히 서로 자신들의 입장을 내세우며
아메리카 대륙에서 싸웠습니다. 잔혹하게 원주민들의 목숨을 빼앗으면서 말이지요.

이런 상황 속에서도 유럽에서는 철학자와 예술가, 배우와 음악가들이 눈부신 작품들을 내놓았습니다.
문학의 한 장르인 탐험기가 크게 유행하면서 사람들의 사고가 조금씩 변하기 시작했습니다.
독자들은 탐험기를 읽으며 먼 나라를 알게 되고, 온갖 문화들을 비교할 수 있게 되었습니다.
중국은 하느님을 믿지 않으며, 하느님의 도움 없이도 모든 것을 발명해 낸
나라라는 사실을 알게 된 유럽 사람들은 혼란에 빠지기도 했지요.

많은 지식인과 철학자들은 자신이 주장하는 사상에서 종교를 떼어 냈습니다.
신 중심의 시대에서 이성의 시대로 바뀐 것이지요. 이성은 과학을 발전시키는
밑바탕이 되었습니다. 사람들은 과학이야말로 세상이 어떻게 만들어졌는지
밝히고, 더 나은 세상으로 바꾸어 나갈 거라고 믿게 되었습니다.

'이성'은 모든 인간은 평등하며, 같은 권리를 가지며,
서로의 다름을 존중하고 조화롭게 살아야 한다는 생각입니다.
이 새롭고 멋진 생각은 결국 '계몽주의'라는 사상으로 꽃피었습니다.

주인공 자크 사되르의
오스트레일리아 탐험 이야기가 담긴,
가브리엘 푸아니의 소설

디드로를 중심으로 모인
계몽주의 사상가들이 쓴 백과사전

노예로 사고팔리는 아프리카 사람들

노예 매매가 큰 규모로 이루어지기 시작했습니다. 포르투갈이 그랬던 것처럼 대서양에 접한 유럽의 왕국들도 아프리카 해안에 사는 사람들을 마구 잡아들였습니다.
사람이 곧 상품이 되어 버린 시대였지요. 심지어 어떤 아프리카 사람들은 스스로 노예 공급업자가 되어 자신들이 사는 대륙의 더 깊은 곳까지 '상품'을 구하러 다녔습니다.
수백만 명의 아프리카 사람들이 배의 화물칸에 실려 아메리카로 옮겨 갔고, 안타깝게도 그 배 속에서 수많은 사람들이 목숨을 잃었습니다.

저는 선교를 위해 아프리카에 머물고 있는 선교사입니다.
오늘은 이곳의 열악한 상황을 알려 드리기 위해 이 편지를 씁니다.
이곳의 삶은 평등과 아주 거리가 멉니다.
아프리카의 원주민들은 물건 취급을 받고 있지요.
어째서 이들이 담배, 커피, 사탕수수와 면화 농장에 끌려가 채찍질당하며 강제로 일해야 하는 걸까요?
어떻게 발전한 세상에서 사람을 사고파는 일이 아무렇지 않게 일어나는 걸까요?
'흑인'은 '백인'보다 열등하다는 사고방식이 퍼지며 백인들은 거리낌 없이 흑인들을 노예로 삼고 있습니다.
인류를 피부색으로 구분하고, 인간은 평등하지 않다고 말하는 건 정말 비열한 논리 아닙니까?
심지어 어떤 인종은 진정한 인류가 아니라고 주장하기까지 하다니……
아, 가슴이 찢어질 듯합니다!

계몽주의의 영향으로 변화를 꿈꾸는 시민들

새로운 '계몽'의 가치에 영향을 받은 유럽 시민들은 낡은 질서와 제도를 깨뜨리려고 했습니다.
프랑스에서는 변화를 꿈꾸는 시민들이 혁명을 일으켰지요.
한 프랑스의 장교가 프랑스의 혼란을 끝내고 '계몽주의'의 이상을 실현하겠다며 스스로 황제가 되더니,
다른 나라를 정복하기 위해 먼 길을 떠났습니다. 이 정복 전쟁으로 프랑스는 유럽 나라들의 미움을 받았지요.
그리고 결국 그의 모험은 러시아의 눈 속에서 대참사를 맞으며 끝났습니다.

공장과 기계가 생겨나면서 물건이 대량으로 만들어졌어요

농한기가 되면 농촌에서는 집집마다 가내 수공업으로 물건들을 만들곤 했습니다.
그런데 점점 더 많은 상품이 필요해지자 '부르주아'들은 대규모 공장을 세우기 시작했습니다.

부르주아는 무역과 상업으로 돈을 벌어 부자가 된 사람들을 가리키지요.
공장에서는 쉼 없이 기계들이 돌아갔고, 가구, 섬유, 옷 등 온갖 종류의
물건들이 대량으로 쏟아져 나왔습니다.
공장과 기계가 등장하면서 생산량이 빠르게 늘어나자
물건값은 더 내려갔고, 부르주아는 더욱더 부유해졌습니다.

남부 연합

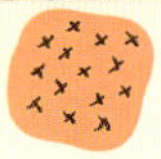

남부와 북부로 나뉘어 전쟁을 치른 미국

유럽 나라들이 탐내던 아메리카 대륙에는 미국이라는 국가가 세워졌습니다. 미국은 마지막까지 남아 있던 원주민인 인디언들의 땅과 모든 것을 소유한 나라였지요. 이 거대한 땅덩이의 '남부'와 '북부'는 사는 모습부터 사고방식까지 모든 것이 달랐습니다. 결국 남부와 북부는 대립하기 시작했습니다.

노예를 해방시킨 북부와 달리 남부 사람들은 여전히 노예를 자신들의 재산처럼 생각하고 부렸습니다. 당연히 노예 제도가 사라지는 것에 반대했지요. 또한 산업화 과정을 지켜보면서 정든 고향의 땅이 사라지는 것을 한탄했습니다.

멕시코 만 · 대서양

북부 사람들은 산업화되어 발전한 미래를 꿈꾸었습니다.
발전과 과학이 종교인 양 무조건 믿고 따랐지요.
옛것을 지키려는 남부와 변화를 꿈꾸는 북부 사이에
전쟁이 시작되었습니다. 이것이 '남북 전쟁'입니다.
대포 같은 산업화된 무기들이 최초로 사용되어
수많은 사람들을 죽음으로 몰아넣은
끔찍한 전쟁이지요.

북부 연방

북부의 승리로 전쟁이 끝났지만, 세상에 쉬운 일은 없는 법! 이제는 산업화에 대한 생각들이 대립하기 시작했습니다.
어떤 이들은 산업이란, 위험을 무릅쓰고 공장을 세우는 데 많은 돈을 투자하는 탁월한 경영 능력을 가진 몇몇 개인이 지배하는
일이라고 생각했습니다. 산업이 끊임없이 발전하도록 돕는 것은 이러한 '거대 자본가(많은 돈을 가지고 기업을 경영하는 사람)'들이므로
자본가들이 부자가 되고, 노동자들이 아주 적은 임금을 받는 것이 당연하다고 여겼지요.
하지만 대부분의 사람들은 그 생각에 반대했습니다. 국가가 공장을 소유하고, 실제로 필요한 만큼만 물건을 생산하고,
어느 한쪽만 부유해지는 것이 아니라, 경영자와 노동자가 공정하게 나누어 갖길 바랐지요.
노예 신분에서 해방된 흑인들이 북부의 도시로 몰려들었지만 그들의 바람과 달리, 백인들과 같은 지위를 얻을 수는 없었습니다.
북부로 온 흑인들은 남부에서 노예로 생활할 때보다 더 행복해지지는 않았습니다.

유럽의 여러 나라가 아프리카를 식민지로 삼았어요

여기저기에 식민지를 세우던 유럽의 나라들이 아프리카에 집중하기 시작했습니다.
영국이 아프리카를 침략했습니다. 프랑스와 벨기에도 쳐들어갔습니다.
그들이 내세운 침략의 이유는 겉으로 보기엔 그럴싸했습니다.
아프리카를 문명화하고, 아프리카 사람들이 크리스트교를 믿도록 하겠다는 것이었지요.
처음 아프리카 정복에 나섰던 사람들은 황열병과 말라리아와 같은 병에 걸려 죽었습니다.
하지만 의학이 발전하면서 이 병들을 치료할 수 있는 약, 키니네를 만들어 냈지요.
질병 걱정이 없어진 유럽의 나라들은 더 적극적으로 아프리카 정복에 나섰습니다.

노예 제도가 사라졌지만 아프리카는 여전히 몸살을 앓았어요

마침내 노예 제도가 없어졌습니다. 하지만 이미 아프리카는 쇠약해질대로 쇠약해진 상태였습니다. 수백만 명의 젊은이들이 아메리카 대륙에 노예로 팔려 간 바람에 인구가 줄었으며, 유럽 나라들의 지배를 받고 있었으니까요.

서방의 선교사들이 아프리카 땅을 밟았습니다. 그곳에 매장된 금, 은, 다이아몬드, 카카오, 커피, 담배, 고무 등을 약탈하려는 사람들, 그리고 그들을 보호하는 군대와 함께였지요. 침략 국가들은 아프리카를 손에 넣기 위해 원주민들을 몰살할 계획을 세웠습니다.

1884~1885년, 결국 벨기에, 독일, 프랑스, 영국, 이탈리아가 손을 잡고 자기들 마음대로 지도에 선을 죽죽 그어 검은 대륙 아프리카를 나눠 가졌습니다. 터전을 지키기 위해 맞서 싸운 에티오피아는 유럽 군대에게 쓰라린 패배를 안겼지만, 그들을 완전히 몰아낼 수는 없었습니다.

새로운 무기로 무장한 군대를 앞세운 침략 국가들은 천연두, 콜레라, 홍역 같은 전염병까지 옮겨 와 마침내 아프리카를 점령했습니다. 신식 무기와 전염병은 아프리카의 삶을 뿌리째 뒤흔들었고, 곳곳에서 교묘하고 잔인한 방법으로 인종 차별이 일어났습니다.

"그동안 우린 갖은 억압과 굴욕을 당했어요. 우리에게 남은 건 절망뿐이에요! 이렇게 참고만 살 건가요? 자, 이제 우리가 나설 차례입니다!"

혁명과 함께 민족주의가 싹텄어요

우리의 역사는 반란과 혁명의 역사였습니다. 민중들은 권위적인 정부의 억압에 맞서 노예 해방, 농민 혁명, 노동자 혁명 등 다양한 이름으로 혁명을 일으켰지요. 비록 때때로 우리의 꿈을 이루지 못한 채 혁명이 끝나 버리기도 하고, 군대가 총칼을 들고 우리를 협박하고 제압하기도 했지만 혁명은 끊임없이 일어났지요.

"윽, 아무리 당신들이 총부리와 대포를 들이밀어도 우리의 사상을 꺾을 순 없을걸! 더 이상 그 무엇도 예전 같지 않을 거야. 세상은 달라질 거라고!"

1789년에 일어난 프랑스 혁명은 비록 실패했지만, 우리의 역사에서 가장 상징적인 혁명이 되었습니다. 프랑스 혁명 이후 사람들의 가슴속에는 '공화국(주권이 국민에게 있는 나라)'이라는 단어가 새겨졌고, 유럽 곳곳에서 민족주의(민족의 독립과 통일을 가장 중요하게 여기는 사상)가 싹텄기 때문입니다.

"자, 다 같이 춤춰요! 실컷 즐기자고요! 혁명을 위해 싸우기도 하고 목숨을 잃기도 하지만, 축제는 벌여야죠. 축제야말로 권력자들에게 복종하지 않고, 그들을 조롱하는 방법이니까요!"

계몽주의 사상과 산업 발전이 바꾼 것들

계몽주의 사상들과 함께 '평등'의 개념도 널리 퍼졌습니다.
많은 나라들은 누구에게나 배움의 기회를 주려고 했으며, 세계 곳곳에 어린이들이 교육받을 수 있는 학교가 세워졌지요.
산업이 발전하면서 점점 더 많은 것들을 바라는 중산층이 생겨났고, 의학도 눈부시게 발전했습니다. 사람들은 더 이상 순순히 죽음을 받아들이지 않았습니다. 병을 이겨 내고, 더 살기 바랐지요.
또한 사람들은 배움과 교양에 점점 더 목말라했습니다. 그 결과 읽기 쉬운 과학 잡지들과 신문이 출간되었고, 사람들의 호기심을 자극했습니다. 도서관들이 처음으로 문을 열었지요.
유럽의 대도시들에서는 산업 발전의 놀라운 결과물들을 한데 모아 전시하는 박람회가 열려 사람들의 마음을 사로잡았습니다.

1900년경…

산업은 발전했지만 사람들의 삶은 나아지지 않았어요

기계는 끊임없이 발전했습니다. 새롭게 발명된 증기 기관차는 세계를 뒤흔들었지요.

한순간에 모든 것이 빨리빨리 변했습니다. 전기의 발명은 20세기의 시작을 환하게 밝혔고, 전보와 영화도 발명되었습니다.

축제가 하나의 산업이 되었으며, 마을에는 대관람차와 롤러코스터 같은 놀이 기구들이 들어섰지요.

백화점이 소비의 전당이 되고, 상품을 광고하기 시작하면서 우리에겐 예전과 다른 욕구가 생겨났습니다.

공장과 회사는 자신들의 이익을 위해 앞다투어 자유롭게 경쟁하며 상품을 만들어 팔았습니다.

하지만 소비는 어마어마한 생산량을 따라갈 수 없었습니다. 노동자들의 임금은 여전히 적었으니까요.

팔리지 못한 상품이 쌓이자 생산량이 줄었고, 그 결과 일자리를 잃는 사람이 늘어났습니다.

발전하는 듯 보였던 경제가 후퇴하면서 많은 사람들이 가난에 시달렸습니다.

인종 차별이 점점 더 심해졌어요

위대했던 중국과 인도의 문명도 점차 쇠약해졌습니다. 그러자 식민지 개척자들이 이곳을 넘보기 시작했지요. 유럽의 새로운 강대국들과 파죽지세로 성장한 일본이 중국과 인도의 영토를 약탈했습니다. 미국과 러시아도 끼어들었지요. 이들은 자신들이 차지한 식민지 사람들을 '열등한 인종'이라며 멸시했습니다. 이러한 추악한 생각은 여러 강대국들로 퍼져 갔고요. 이들은 얼굴 생김새나 머리뼈의 형태 등으로 인종을 구별하며 유색 인종(백색 인종을 제외한 모든 인종)이 백인보다 열등하다고 믿었지요. 그리고 이러한 편견은 아무렇지 않게 사람들의 머릿속에 박혔습니다.
심지어 한 초콜릿 광고에서는 흑인에 대한 멸시를 광고 문구와 그림에 고스란히 드러내기도 했습니다.
가슴 아픈 차별을 당한 것이 어디 유색 인종뿐일까요? 유대 사람들은 모든 악의 중심처럼 취급받았답니다.

제1차 세계 대전 이후 전 세계가 불황에 빠졌어요

유럽의 여러 나라들은 식민지를 서로 더 많이 차지하려고 치열하게 경쟁했습니다. 동시에 식민지에서 벗어나려는 움직임과 민족들 사이의 엇갈린 이해관계는 유럽을 뒤흔들며 여러 나라를 끔찍한 전쟁으로 내몰았지요. 오스만 제국과 미국, 러시아까지 끼어들어 1914년에서 1918년까지, 유럽 전체를 파괴한 이 전쟁이 바로 제1차 세계 대전입니다. 하지만 전쟁은 그 어떤 문제도 해결해 주지 못했습니다.

1929년, 전 세계적으로 공장의 기계들이 멈췄습니다. 공장들은 문을 닫았고, 사람들은 순식간에 일자리를 잃었습니다. 이들은 일자리를 찾기 위해 가난에 시달리는 가족들을 데리고 길 위로 쏟아져 나와 이리저리 떠돌았습니다.

사람들의 사상은 더 명확하게 '좌'와 '우', 두 개의 세력으로 나뉘어 팽팽히 맞섰습니다. '좌'는 혁명으로 세상을 바꾸는 데 적극적이었고, '우'는 그에 반대하는 입장이었지요. 에스파냐에서 일어난 내전에서 두 세력이 맞붙자, 주변 나라들은 저마다 이념에 따라 각 세력에 힘을 보탰습니다. 사람들은 이제 영토가 아닌, 자신들의 이념을 위해 싸우기 시작했습니다.

독일의 나치가 유대 사람들을 죽음에 몰아넣었어요

독일은 제1차 세계 대전에서 지면서 나라의 힘이 약해졌습니다. 1929년에는 엎친 데 덮친 격으로 경제 상황마저 심각해졌지요.
그러자 독일에는 복수심에 불타는 인종 차별적인 정치 세력이 나타났습니다. '나치'라고 불리는 세력이었습니다.
나치는 독일 사람들이 아리아 인의 혈통을 이어받았다고 주장했습니다. 아리아 인처럼 자신들도 순수 혈통이고, 키가 큰 금발에,
고상한 사람들이며, 몰락하는 유럽을 되살리기 위해 선택받은 사람들이라고 했지요.
확신에 가득 차 이러한 열변을 토한 것은 정작 키도 크지 않고, 금발도 아닌 사내였습니다.
그는 독일 사람만이 우월하며, 열등한 민족은 사라져야 한다며 유대 사람들을 콕 집었습니다.
그리고 유대 사람들을 모조리 죽이겠다며 수용소와 가스실, 화장터를 짓게 했지요.
잔혹함으로 얼룩진 우리 역사에서, 나치는 인간이 얼마나 잔인해질 수 있는지 그 끝을 보여 주었습니다.

나치의 우두머리이자 국가 원수가 된 그의 머릿속에는 온통 전쟁을 일으켜 세계를 지배하고 싶다는 생각뿐이었습니다.
그와 같은 생각을 갖고 있던 이탈리아와 일본이 독일의 손을 잡았고, 영국과 프랑스, 미국을 비롯한 나라들이
힘을 합쳐 이에 맞섰습니다. 제2차 세계 대전이 일어난 것입니다.
이 잔인한 전쟁으로 5천만 명이 목숨을 잃었습니다. 그중 절반은 아무 죄가 없는 시민들이었지요.
결국 이 전쟁은 나치가 항복하며 막을 내렸습니다.

우리는 모두 약 20만 년 전 아프리카에서 나타난 호모 사피엔스입니다. 생김새가 다르고, 경제 상황이나 문화,
사상이 달라도 근본적으로는 다를 것이 없는 하나의 인류이지요.
그런데 어떻게 함부로 다른 사람을 열등하다고 판단하고, 참혹하게 죽일 수 있을까요?
이러한 역사에서 우리가 배울 것은 단 한 가지입니다. 다시는 이러한 비극을 되풀이하지 않아야 한다는 것입니다.

83

어제의 우리, 오늘의 우리 그리고 내일의 우리

제2차 세계 대전 이후, 평화 협정에 서명을 한 뒤에도 전 세계는 하나가 되지 못했습니다.

미국을 따르는 나라와 소련이나 중국을 따르는 나라, 이렇게 또다시 두 세력으로 나뉘었지요.

정치, 경제, 외교 등 모든 면에서 정반대였던 두 세력은 '냉전'이라는 이름의 눈에 보이지 않는 전쟁을 벌였습니다.

하지만 50여 년 동안 인류를 긴장하게 했던 냉전도 허무하게 끝나 버렸습니다.

과연 미래의 역사학자들은 지금 우리가 살고 있는 이 시대를 대표하는 것이 무엇이라고 이야기할까요?

우주 개발일까요?

아니면…… 핵?

정보 과학이나, 　　　　　　　　　로봇 공학이라고 말할지도 모르지요.

지금도 여전히 곳곳에서 전쟁과 테러가 일어나고 있습니다. 역사가 남긴 교훈을 기억하지 못하는 걸까요?
과학은 우리가 미처 상상할 수 없는 수준까지 빠르고 과감하게 발전하고 있습니다.
과학자들은 인간를 복제하려 하고, 핵 무기는 인류를 위협하고 있습니다.
로봇은 이미 스스로 생각하고 판단하는 존재처럼 보이기도 합니다.
사람들은 아무렇지 않게 자원을 소비합니다. 어떤 사람들은 이렇게 말합니다. 이스터 섬이 사라진 것처럼 인류가 지구를
파괴할 거라고요. 이 말에 반대하는 사람들도 있습니다. 이들은 과학과 인류의 끝없는 창의력을 확신하며,
머지않아 모든 문제가 해결될 것이라고 믿습니다.
역사를 살펴보면 권력은 대체적으로 남성들만의 것이었습니다. 남성은 여성이 자신들보다 약하다고 여기며 여성을 지배했습니다.
하지만 그 벽을 허물기 위해 여성들이 끊임없이 싸운 결과, 지금은 많은 여성들이 사회 활동을 합니다.
사람을 상품처럼 사고팔면서 노예를 자신의 소유라고 생각하던 시절도 있었지요.
어린이가 하나의 인격체로 존중받기까지도 많은 시간이 필요했습니다. 오늘날 대부분의 나라에서 어린이들은
부모님과 가정이라는 울타리 속에서 보호받습니다. 학교에 다니며 교육도 받고요.
그래도 여전히 여성은 남성에 비해 불평등한 대우를 받고 있습니다. 인종 차별 문제도 여전히 남아 있고,
학교에 가기는커녕 하루하루 살아남기 위해 먹을 것을 구해야 하는 어린이들도 여전히 많습니다.
우리가 써 나가야 할 우리의 역사는 어떤 이야기여야 할까요? 여러분은 어떤 미래를 꿈꾸고 있나요?

우리, 그리고 역사 속 등장인물 60

우리는 끊임없이 역사를 기록해 왔고, 좋든 나쁘든 역사는 앞으로 나아갔습니다.
역사 속에서 우리 가운데 몇몇은 정치, 과학, 예술, 문학 분야에서 두각을 나타냈습니다.
왕이나 지도자, 영웅이나 위인들……. 그들의 삶과 행동과 작품은 모든 자리를 차지하며 역사가 되었고,
평범한 사람들의 삶의 흔적은 그에 비해 늘 희미했지요.
하지만 역사라는 무대의 주인공이자 작가는 영웅이나 위인이 아닌, 바로 '우리'입니다.
이 책의 주인공도 우리입니다. 역사는 곧 우리의 이야기이니까요.

자, 이제 60명의 인물을 소개하려고 합니다.
대부분의 사람들이 알지만 이 책에서는 이름 한번 언급되지 않거나 아예 등장하지 않은 인물도 있고,
역사 속에서 크게 주목받지 못해 처음 들어 보는 이름도 있을 것입니다.
그들이 살았던 시대와 한 일을 살펴보면서 책의 어느 부분과 관련 있는 인물인지 찾아보세요.
이들이 특별한 사람이거나, 혹은 우리가 반드시 알아야 할 무언가를 해냈기 때문이 아닙니다.
역사에 등장하는 여러 사람들과 거기에 얽힌 수많은 이야기들을 발견하는 즐거움을 맛보기 위해서이지요.

잊지 마세요.
역사의 주인공은 바로 '우리'라는 사실을요!

호모 사피엔스 이달투
(195,000년 전*)

현재까지 발견된 호모 사피엔스 유골 중 가장 오래된 유골. 에티오피아에서 발견되었으며, 칼륨-아르곤 연대 측정법에 따라 연대를 측정했다.

나르메르
(기원전 3185*-기원전 3125*)

이집트의 초대(제1왕조) 파라오. 둘로 나뉘어 있던 이집트를 하나의 제국으로 통일했다.

임호테프
(기원전 2800*)

고대 이집트의 재상이자 건축가. 당시 이집트 왕국의 2인자였으며 다양한 재능을 갖고 있었다. 최초로 계단식 피라미드를 건설했다.

길가메시
(재위 기원전 2650*)

고대 메소포타미아의 전설적인 영웅이자 우루크의 왕. 세계에서 가장 오래된 대서사시 《길가메시》의 주인공이다.

함무라비
(재위 기원전 1792-기원전 1750)

고대 메소포타미아의 바빌론 제국의 초대 왕. 나뉘어 있던 메소포타미아를 통일했으며, 최초의 법전 중 하나인 〈함무라비 법전〉을 만들었다.

하트셉수트
(기원전 1479*-기원전 1457*)

이집트 최초의 여성 파라오. 이집트를 평화롭게 통치하였으며, 권력을 지키기 위해 자신을 위한 신전과 오벨리스크(고대 이집트에서 태양 숭배의 상징으로 세웠던 기념비)를 세웠다.

아크나톤
(기원전 1355*-기원전 1337*)

이집트 제18왕조의 파라오. 다신교인 이집트 종교를 금지하고, 태양신을 유일신으로 숭배하도록 하는 종교 개혁을 시도했다.

발키스
(기원전 1000*)

'시바'라는 나라(예멘과 에티오피아 일부 지역으로 알려져 있음)의 여왕. 유다 왕국을 다스리던 솔로몬 왕의 아내로 알려져 있다. 전설 속 인물인지, 실제로 존재했던 인물인지 확실하지 않다.

호메로스
(기원전 800*)

고대 그리스의 음유 시인. 트로이 전쟁을 중심으로 신의 세계와 인간(영웅)의 세계를 읊은 대서사시 《일리아드》와 《오디세이》의 작가로 알려져 있다.

자라투스트라
(기원전 600*)

고대 페르시아의 종교가이자 예언자. 선과 악을 분명히 구분하고, 유일신만을 숭배할 것을 주장했다. 조로아스터교를 창시했다.

- '재위'나 '활동'이라고 표기하지 않은 것은 출생-사망 연도를 뜻합니다.
- *표시는 추정 연도를 뜻합니다.
- 인물의 이름은 국립국어원 표준국어대사전을 기준으로 하였으며, 표제어에 등재되지 않은 것은 두루 쓰이는 이름으로 표기했습니다.

이사야
(기원전 600*)

유대의 선지자. 메시아(예수)의 탄생을 예언했으며, 죄악에서 인류를 구원하는 것은 신앙뿐이라는 가르침을 전했다.

싯다르타
(기원전 600*)

불교의 창시자. 인도의 한 왕국의 왕자였으나 왕자의 신분을 버리고 수행을 하다가 깨달음을 얻어 사람들에게 불교의 가르침을 전했다. '석가모니'라고도 불린다.

공자
(기원전 551-기원전 479)

고대 중국의 사상가이자 학자. 덕으로 나라를 다스려야 한다고 주장했으며, 도덕적 규범을 지키면서 사는 삶을 강조했다.

페이디아스
(기원전 490-기원전 430*)

고대 그리스의 조각가. 파르테논 신전 건축의 총책임자로, 세계적인 걸작 가운데 하나로 손꼽히는 제우스상을 만들었다.

헤로도토스
(기원전 484*-기원전 420*)

고대 그리스의 역사가. 페르시아 전쟁을 연구하고, 그 지역을 탐사한 뒤 《역사》를 썼다. 이 책 이후 역사는 '역사가가 과거 일을 생각하고 연구한 내용'이라는 뜻을 갖게 되었다.

알렉산더 대왕
(기원전 356-기원전 323)

마케도니아의 왕. 주변 나라들을 정복하여 유럽, 아시아, 아프리카 세 대륙에 걸친 대제국을 세웠다. 동서의 다양한 문화를 아우른 새로운 문화를 탄생시켰다.

아소카 왕
(기원전 304-기원전 232)

인도 마우리아 제국의 왕. 알렉산더 대왕의 정복 전쟁으로 혼란에 빠진 인도를 통일했다. 불교로 나라를 다스렸으며, 아소카 왕 때 완성된 소승 불교는 동남아시아 전역으로 퍼져 나갔다.

시황제
(기원전 259-기원전 210)

중국 진나라 황제. 여러 나라로 나뉘어 싸우던 중국을 하나로 통일했다. 백성을 다스리는 데 법을 강조했으며, 화폐와 문자, 도량형을 하나로 통일했다.

아마니샤케토
(기원전 35*)

누비아(수단의 북쪽 메로에 지역) 왕국의 여왕. 로마에 왕국을 빼앗기지 않기 위해 로마 군대에 맞서 싸웠으며, 크게 승리했다.

예수
(기원전 4-5년*)

크리스트교의 창시자. 하느님의 아들이라고 하며, 구원에 대한 가르침을 전파했다. 예수가 태어난 해를 기준으로 하여 기원전과 기원후로 구분하기도 한다.

하드리아누스
(76-138)

고대 로마의 황제. 훌륭하고 현명한 다섯 명의 로마 황제 가운데 하나로, 나라의 힘을 키우는 데 힘썼지만 한편으로는 폭군으로 평가받기도 한다.

제노비아
(240*-274*)

팔미라 제국의 여왕. 전쟁터에서 군대를 이끄는 여전사였으며, 시리아, 페니키아, 이집트에 이르는 거대한 영토를 지배했다.

콘스탄티누스 1세
(272-337)

고대 로마의 황제. 동서로 나뉘어 혼란스러웠던 로마를 다시 통일하고, 콘스탄티노플(지금의 이스탄불)을 수도로 정했다. 크리스트교를 국교로 선포했다.

아틸라
(395*-453)

훈 족의 왕. 주변 국가들을 침략하여 아시아에서 유럽에 걸친, 역사상 가장 넓은 영토를 차지했다. 그에게 쫓겨 게르만 족이 로마로 이동했다.

아리아바타
(476-550)

고대 인도의 수학자이자 천문학자. 지구는 둥글며 자전축을 중심으로 돌고 있다는 사실을 최초로 밝혀냈다. 지구의 둘레를 정확하게 계산하기도 했다.

유스티니아누스 1세
(482-565)

동로마 제국의 황제. 전성기 로마 제국의 옛 영토를 대부분 되찾았으며, 제국의 질서를 세우기 위해 법을 체계적으로 정리한 〈유스티니아누스 법전〉을 펴냈다.

마호메트
(570-632)

이슬람교의 창시자. 이슬람의 유일신인 알라의 계시를 받고 예언자가 되었다. 그가 받은 알라의 계시와 규범 등을 기록한 경전을 〈코란〉이라고 한다. 이슬람교는 선지자의 이미지를 형상화하지 않는다.

키니치 하나브 파칼
(603-683)

고대 마야의 도시 국가 팔렝케의 왕. 마야 문명의 최고 전성기를 이끌었다. 팔렝케 지역에 거대한 피라미드를 세웠으며, 죽은 뒤 그 피라미드에 묻혔다.

샤를마뉴
(742-814)

프랑크 왕국의 왕이자 서로마 제국의 황제. 주변 나라들을 정복하여 크리스트교를 바탕으로 서유럽을 하나로 통일했다. 하지만 그가 죽은 뒤 다시 전쟁이 일어나 세 개의 나라로 나뉘었다.

아비센나
(980-1037)

페르시아의 철학자이자 작가, 의사, 과학자. '근대 의학의 아버지'라고 불리며 중세 유럽의 철학 및 의학에 많은 영향을 주었다.

살라딘
(1138-1193)

쿠드르 족 출신 이집트 왕. 십자군을 상대로 싸워 예루살렘을 되찾았다. 이슬람 제국을 넓히는 일에 한평생을 바쳤다.

프리드리히 2세
(1194-1250)

옛 독일 제국인 신성 로마 제국의 황제. 다른 종교와 문화에 너그러웠으며, 과학과 미술에 관심이 많아 지중해 문화를 부흥시켰다.

프란체스코
(1181-1226)

가톨릭교의 성인이자 프란체스코 수도회 창시자. 당시 정치에 깊이 관여하던 가톨릭 교회와 정반대로 깨끗한 성품, 재물을 욕심 내지 않는 삶을 추구했다.

칭기즈 칸
(1158*-1227)

몽골 제국의 왕. 몽골의 유목 민족을 통일하고 중국, 중앙아시아, 동유럽 일대를 정복하며 인류 역사상 가장 넓은 제국을 거느렸다.

라시드웃딘
(1247-1318)

페르시아의 역사가이자 의사, 정치가. 몽골을 비롯한 중국, 인도 등 다른 민족의 역사와 지리를 집대성한 최초의 몽골 역사책인 《집사》를 펴냈다.

단테
(1265-1321)

이탈리아의 시인. 중세 종교와 사상의 기준이 된 《신곡》을 펴냈다. 그는 내면의 소리에 귀를 기울이며 정치, 윤리, 종교 문제를 끊임없이 고민하고, 해결 방법을 찾아내기까지의 이야기를 이 서사시에 담았다.

만사 무사
(1280-1337)

아프리카 말리(지금의 가나)의 왕. 독실한 이슬람교도이자 역사상 가장 부유했던 인물로 알려져 있다. 당시 말리는 황금과 소금이 넘쳐나는 무역의 중심지였다.

이븐바투타
(1304-1377)

아라비아의 여행가. 아프리카, 아시아, 지중해, 인도양 등을 여행했으며, 여행에서 직접 보고 듣고 느낀 것을 연대기 형식으로 쓴 《여행기》라는 책을 남겼다.

몬테수마 1세
(1398-1469)

아스테카 왕국의 왕. 주변 부족을 정복하여 영토를 넓히고, 인공 섬에 수도인 테노치티틀란을 세웠다. 법전을 정비하여 아스테카 문명의 황금기를 이루었다.

레오나르도 다빈치
(1452-1519)

이탈리아의 화가이자, 건축가, 조각가, 과학자. 신체의 선을 작은 점처럼 표시하여 윤곽선을 없애거나 흐릿하게 처리하는 스푸마토 기법을 발명했다. '모나리자'에도 스푸마토 기법을 사용했다.

콜럼버스
(1451-1506)

이탈리아의 탐험가. 대서양을 출발하여, 지구가 둥글다는 것을 믿고 새로운 뱃길로 항해한 끝에 아메리카 대륙에 도착했다. 이를 계기로 잔혹한 식민지 약탈이 시작되었다.

왕양명
(1472-1529)

중국 명나라의 유학자. 알고도 행하지 않는 것은 진짜 아는 것이 아니라면서 지식과 행위가 하나라고 주장했다. '먹물에 붓을 담그지 않으면 어떻게 글을 쓰겠는가?'라는 말로 유명하다.

아타우알파
(1497-1533)

잉카 제국의 마지막 황제. 에스파냐가 잉카 제국에 쳐들어오자 에스파냐 사람들과 담판을 지어 문제를 해결하려고 노력했지만, 불행하게도 인질로 붙잡혀 처형당했다.

술레이만 1세
(1494-1566)

오스만 제국의 황제. 아시아와 유럽, 북아프리카에 걸쳐 영토를 확장했으며, 오스만 제국을 중국, 인도, 페르시아와 함께 가장 강한 제국 중 하나로 만들었다.

아크바르
(1542-1605)

인도 무굴 제국의 황제. 인도 반도의 대부분을 정복해 거대한 제국을 이루었다. 이슬람교가 아닌 다른 종교와 문화를 존중했으며, 무굴 문화를 꽃피웠다.

셰익스피어
(1564-1616)

영국의 극작가. 비극과 희극은 물론, 기괴하고 환상적인 소설 속에 잊지 못할 등장인물들을 그려 내며, 결코 지울 수 없는 인간 본성에 관한 글들을 남겼다.

갈릴레이
(1564-1642)

이탈리아의 물리학자이자 천문학자, 철학자. 근대 물리학의 창시자이다. 모든 천체가 지구를 중심으로 돈다는 당시 사람들의 신념과 어긋나는 지동설(지구가 태양을 중심으로 돈다는 이론)을 주장했다.

스피노자
(1632-1677)

네덜란드의 철학자. '계몽주의의 아버지'라고 불린다. 존재하는 모든 것이 곧 자연이고, 자연은 곧 신과 같다고 주장했다. 즉 우리 주위에 있는 모든 사물이 신이나 자연을 나타낸다고 믿은 것이다.

마쓰오 바쇼
(1644-1694)

일본 에도 시대의 시인. 일정한 규칙을 지키며 쓰는, 일본 특유의 시, 하이쿠의 대가이다. 그가 쓴 하이쿠 한 편을 읽어 보자.
"오래된 연못
개구리 뛰어들어
첨벙이는 소리"

모차르트
(1756-1791)

오스트리아의 작곡가. 세 살에 피아노 연주를 시작해 다섯 살에 처음으로 작곡했다고 알려져 있다. '피가로의 결혼' '마술 피리' 등 수많은 아름다운 곡들을 남겼다.

칸트
(1724-1804)

독일의 철학자. 스피노자의 후계자이자 주요한 계몽주의자 중 한 명이다. 우리가 세계를 경험할 때 감각은 물론 이성도 중요한 역할을 한다고 주장했다.

투생 루베르튀르
(1743-1803)

아이티의 흑인 해방 지도자이자 독립 운동가. 흑인과 백인의 화합을 꿈꾸었으며, 자유와 평등이라는 구호를 외치며 노예 해방 운동을 이끌었다.

나폴레옹 1세
(1769-1821)

프랑스의 황제. 프랑스가 정치적으로 혼란한 틈을 타 정권을 잡은 뒤 황제의 자리에 올랐다. 세력을 넓히기 위해 정복 전쟁을 일으켰다.

볼리바르
(1783-1830)

베네수엘라의 독립 운동 지도자. 콜롬비아, 베네수엘라, 에콰도르, 페루, 볼리비아를 에스파냐의 식민 통치에서 해방시켰다.

압델 카데르
(1808-1883)

알제리의 정치가이자 군사령관. 프랑스의 식민 통치에 맞서 싸웠으며, 알제리의 '민족의 아버지'라고 불린다.

링컨
(1809-1865)

미국의 대통령. 노예 제도 폐진를 추진하여 남북 전쟁이 일어났다. 전쟁에서 북군을 이끌었으며, 결국 승리해 노예를 해방시켰다. 남북 화해를 위해 노력했지만, 남부를 지지하던 암살범의 총에 죽임을 당했다.

도스토옙스키
(1821-1881)

러시아의 소설가. 《죄와 벌》《카라마조프가의 형제들》 같은 작품을 통해 인간의 복잡하고 어두운 내면을 파헤치고 심리를 잘 표현해 현대 소설에 큰 영향을 끼쳤다.

위고
(1802-1885)

프랑스의 시인이자 극작가, 정치가. 민중에 대한 애정을 가득 담아 소설 《레 미제라블》을 완성했다. 지금까지도 가장 유명하고, 대중적인 프랑스 작가로 평가받는다.

시팅 불
(1831-1890)

북아메리카 다코타 족의 추장. 시팅 불은 '앉아 있는 황소'라는 뜻으로, 인디언들의 영토를 탐내는 백인들과 마지막까지 맞서 싸운 최후의 아메리카 인디언들 중 한 명이다.

퀴리
(1867-1934)

폴란드에서 태어난, 프랑스의 물리학자. 남편 퀴리와 함께 방사능을 발견했다. 노벨상을 수상한 첫 번째 여성이며, 노벨상을 두 번 수상한 최초의 과학자이다.

글·그림 이방 포모

1946년 프랑스 비시에서 태어나 클레르몽페랑과 부르주에 있는 국립미술학교에서 공부했습니다. 출판사에서 책 만드는 일을 하다가
1972년부터 직접 글을 쓰고 그림을 그리기 시작했습니다. 지금은 아내 니콜 포모와 함께 책을 짓고, 카툰을 그리고 있습니다.
국내에 소개된 책으로는 《모던보이 알렝》《어느 날 밤, 고양이가》《요정의 아이 샹즐랭》《푸른 등》《용감한 꼬마 해적》《내 친구는 국가 기밀》 등이 있습니다.

글 크리스토프 일라-소메르

중세 역사를 공부하는 연구자이자 가수, 가이드로 활동하고 있습니다. 장인인 이방 포모와 함께 이 책을 썼으며,
꼼꼼하게 유적과 유물, 지도 등 사료를 검토하는 등 역사책으로서 객관성을 유지하기 위해 노력했습니다.

채색 니콜 포모

1948년 프랑스 투렌에서 태어났으며 부르주에 있는 국립미술학교에서 공부했습니다. 어린이 책에 그림을 그리고 있으며,
이 책을 쓰고 그린 남편 이방 포모와 함께 카툰을 비롯하여 40여 권의 그림책과 동화책을 만들었습니다.

옮김 김영신

프랑스 캉 대학에서 불문학 석사 및 프랑스 언어학 D.E.A 과정을 수료하였습니다. 현재 도서 기획자이자 번역자로 활동하고 있습니다.
옮긴 책으로는 《까까똥꼬》《늑대다!》 등의 시몽 시리즈와 《소리를 보는 소녀》《수영 팬티》《왜애애애애?》《날고 싶은 아이, 프리다 칼로》《지뢰밭 아이들》 등이 있습니다.

감수 황은희

고려대학교 역사교육과를 졸업한 뒤 서울교육대학교 대학원 초등사회과교육과에서 공부했으며, 2007 개정 초등학교 5학년 사회 교과서 집필에 참여했습니다.
지금은 서울창림초등학교에서 아이들을 가르치고 있으며, 어린이 역사 교육에 깊은 관심을 갖고 활발하게 활동하며 꾸준히 공부하고 있습니다.
지은 책으로는 《어린이들의 한국사(공저)》《그림으로 보는 한국사 2, 4, 5권》《나의 첫 세계사 여행(공저)》이 있습니다.

감수 김현숙

고려대학교에서 역사교육을 전공했으며 지금은 중학교에서 학생들을 가르치고 있습니다.
지은 책으로는 《그림으로 보는 세계사 1, 3권》 등이 있습니다.